アメリカ人なら小学校で学ぶ

英文ライティング入門

リーパーすみ子／横川綾子＝著

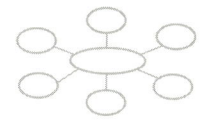

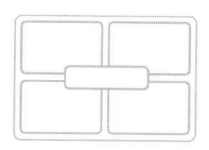

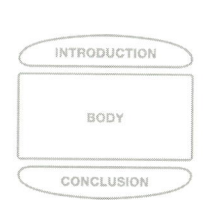

アルク

はじめに

　グローバル化が進むビジネスの世界では、メールはもちろん、企画書やさまざまな書類を英語で書く力が、強く求められています。その際大切なのは、「論理的に相手を説得する」ことです。

　実はアメリカの小学校では、スペルがようやくつづれるようになったころから、ライティングの基礎教育が行われています。自分の主張を明記し、それを支える理由や裏付けを書いて文章を構成することを、非常に早期から学ぶのです。これは、彼らにとって「読み手を説得する文」を書く能力が不可欠だからです。

　本書では、アメリカの小学校のライティング教育で採用されているWeb、4スクエアといった図形を用いて、彼らがどのように論理的な文章の書き方を学ぶか、追体験しながら学習を進めていきます。ゴールはもちろん、「仕事で使える書く力」を習得することです。そのための基礎を、どうかしっかりと身に付けてください。

リーパーすみ子

　英語のコミュニケーションは、「話し手責任・書き手責任」と言われます。伝えたいことを聞き手や読み手の解釈に委ねるのではなく、発信する側が、論理的で明快な説明や論述をもって、受信する側を自分の発するメッセージへと導くのが、英語の流儀です。

　アメリカの子どもは、小さいときから論理的な文章を書く練習をするそうですが、日本の初等中等教育ではそのような機会はほとんどありません。そんな私たちが大人になり、辞書や自動翻訳ツールを駆使してビジネス文書やプレゼン資料を作成しても、和文英訳の域を出ない英文は、英語話者には通用しないのが現実です。

　本書で行うのは、論理的な英文を書くための基礎トレーニングです。説得力のあるエッセイを書くために踏むべき9つのステップをわかりやすく図解し、各ステップには目的別タスクをふんだんに用意しました。アイディアの出し方からエッセイの校正法まで、順を追って練習していきます。

　私たちが論理的な英文を書けないとしたら、それは能力の問題ではなく、その方法を教わってこなかったからでしょう。英語話者の論理展開を学び、英文ライティングに必要な基礎力を身に付けるのは、今からでも遅くありません。本書を活用し、自分の意思を余すところなく伝える英文を書く醍醐味をぜひ味わってください。

横川綾子

アメリカ人なら小学校で学ぶ
英文ライティング 入門

目次　CONTENTS

はじめに ……………………………… 3
本書の学習ステップ ………………… 6
本書の使い方 ………………………… 8

アメリカの小学生が受けるライティング教育 …………… 12
── 幼稚園から始まる、英文の構造を捉える訓練 ──

Chapter 1　基礎トレーニング

STEP 1　トピックに関する名詞をできるだけ多く並べる …… 18
　　　　　使えそうなアイディアを集め、方向性をイメージする

STEP 2　トピックに関する名詞を3つに絞る …………… 23
　　　　　項目を厳選し、各パラグラフの構成要素を決定する

Chapter 2　発展トレーニング

STEP 3　4スクエアを日本語の短文で埋める …………… 34
　　　　　主題をサポートする3つの理由を日本語で書いてみる

STEP 4　4スクエアの短文を英語で表現する …………… 40
　　　　　主題をサポートする3つの理由を英語で表現

STEP 5　3スクエアを説明・具体例で膨らませる ……… 48
　　　　　3つの理由に説明や具体例を加え、説得力を与える

STEP 6　文やスクエア同士をTransition wordsでつなげる …… 58
　　　　　「つなぎ言葉」で内容が伝わりやすい英文に整える

Chapter 3　実践トレーニング

STEP 7　3スクエアをBodyにまとめる ……………… 68
　　　　　本論にあたる3つのパラグラフを完成させる

STEP 8　IntroductionとConclusionを書く …………… 82
　　　　　序論と結論を書き、首尾の一貫した英文に仕上げる

STEP 9　Intro-Body-Conclusionの5パラグラフを校正する …… 94
　　　　　細かいミスを修正し、完成度を上げる

Chapter 4　演習問題 ……………………………… 114

各種テストの長文ライティング問題を想定した課題に挑戦！

英文ライティングの基礎知識 ……………………………… 131
　―― ライティングを学ぶ際に知っておきたい必須知識 ――

column

アメリカの窓辺から ………… **32, 39, 47**

本書の学習ステップ

本書ではライティング学習を**9つのステップ**に分け、アイディア出しからスタートして、最終的に右ページのような**英文エッセイを完成**させることを目標としている。

これはアメリカの小学生がライティングを学ぶ課程に沿ったもので、彼らは小学校5年生までにこうした構造の英文を書くトレーニングを済ませる。

非常にクリアなその学習プロセスをたどりつつ、社会人が必要とする英文ライティングの力を身に付けていこう。

完成までの9つのSTEP

基礎
- STEP 1　1人ブレーンストーミング
- STEP 2　アイディアを絞る

Webを使用

発展
- STEP 3　各パラグラフの主題を日本語で書く
- STEP 4　同じことを英語で書く
- STEP 5　説明・具体例で膨らませる
- STEP 6　「つなぎ言葉」を入れる

4スクエアを使用

実践
- STEP 7　本論をまとめる
- STEP 8　序論と結論を書く
- STEP 9　全体を校正する

エッセイを仕上げる

完成！

完成エッセイのサンプル

▶ 訳98ページ

Introduction

With the development of civilization and industrialization, people's mobility has been greatly improved. Among all forms of transportations available today, trains are definitely the most convenient. Trains promise you congestion-free trips with maximized comfort and safety.

Body

Body 1

First, there are no traffic jams on the railroad. This means a lot to those who lead busy lives with numerous commitments. For example, you won't suffer from the mental stress of being stuck in heavy traffic if you choose to take a train. I got caught in a terrible traffic jam last summer, and it totally ruined the first day of my vacation. On the contrary, trains allow you to be fairly certain when you will arrive at your destination. Timetables help you plan your travel and save you the risk of being late for important appointments. Generally, trains do not delay nor exhaust you as automobiles might do.

Body 2

Also, you can usually travel quite comfortably on a train. You can sit back, relax, and enjoy the scenery through the window. It may be true that an airplane also lets you do this, but the level of comfort is no comparison to that offered by a train. Train seats are wider and softer. The view from a train window changes quickly, so doesn't become boring. I read a novel during my morning commute on the train, and it helps me relax and prepare for the day ahead. Trains can offer you a more pleasant trip than any other means of transportation.

Body 3

In addition, there are fewer safety and security concerns for train travel. If you consider the elaborate security checks required at an airport or the huge number of fatal car accidents, you will get the picture. Another point in favor of train travel is that trains are less susceptible to bad weather. On a stormy day, trains are the most reliable. Airplanes and ferries are subject to inclement weather, and driving a car can be dangerous on slippery roads. In terms of security concerns and vulnerability to bad weather, trains excel.

Conclusion

To sum up, trains are the most convenient transportation because they don't get stuck in traffic jams, provide more comfortable journeys, and ensure a higher degree of passenger safety. Trains may not be the most advanced form of transport, yet there are valid reasons for people to prefer this conventional transportation system, even in this day and age.

凡例：
Thesis statement (エッセイの主題文)
Topic sentence (パラグラフの主題文)
Concluding sentence (パラグラフのまとめ文)

本書の使い方

学習を始める前に、このページで本書の効果的な使い方を知ろう。

基本学習ページ

本書の各STEPの基本構成は以下のとおりになっている。

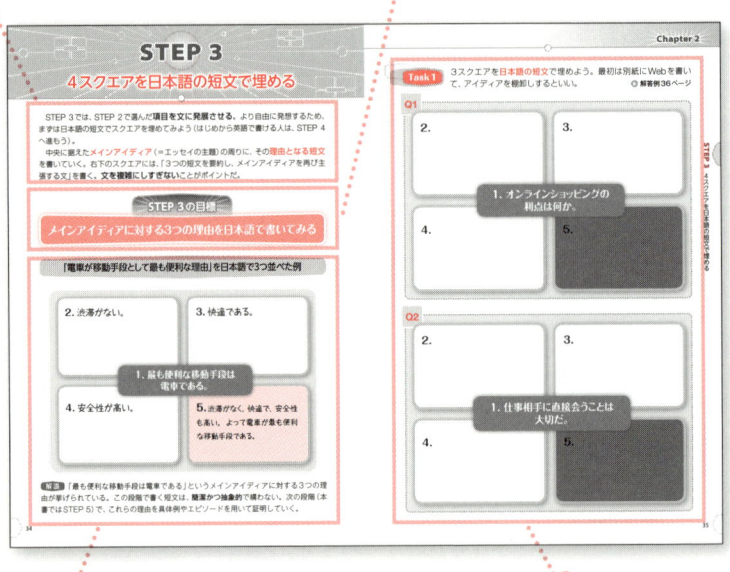

❶ 学習の概要

❷ STEPの到達目標

❸ 学習内容

❹ Task

❶ 学習の概要

❷ STEPの到達目標

そのSTEPの学習概要とともに、新たな用語と解説を掲載している。到達目標と共に、しっかり読んでから先に進もう。

❸ 学習内容

STEPで学ぶ具体的な内容が、サンプル問題と共に示されている。次のTaskで同様の問題に挑戦することになるので、「自分ならどう解答するか」考えながら読もう。

❹ Task

学習した内容を基に、実際に課題に従って書いてみるコーナー。1つのSTEPに複数用意されている。STEP 6まではテキストに直接書き込んで、STEP 7以降は書く英文の量が多くなるので、パソコンを立ち上げて入力しよう。

❺ チェックリスト

STEP 3 4 スクエアを日本語の短文で埋める

Task 1 の答えをチェック

Task の自分の解答を、下のチェックリストで確認しよう。

チェック項目（クリアしたら ✓）	Q1	Q2
1. すべてのスクエアが短文で埋まっている		
2. 内容に重複がない		
3. 短文は英語で表現できると思う		
4. 各スクエアの具体例がすぐ思い浮かぶ		
5. 具体例も英語で表現できそうだ		

解答例

Task 1

Q1 （順不同）24時間買い物ができる、価格を簡単に比較できる、店舗まで往復する時間を節約できる、在庫を確認できる、自宅に届けてもらえる、など

解説 ショッピングに限らず、インターネットを活用する利点は「24時間アクセス」と「すべてを自宅で済ませられる利便性」に集約されるだろう。このポイントは、ほかのオンライン関連のトピックにも応用できるはず。

Q2 （順不同）相手の考えがわかりやすい、先方のオフィスでさまざまな情報を得られる、オフレコの情報を得られるかもしれない、詳細を詰めやすい、こちらの状況を伝えやすい、など

解説 Eメールや電話でのコミュニケーションと比較して、相手と会って話すことによってのみ得られる恩恵を数多く考えてみよう。対面での具体的な事象があるトピックの場合、両者を比較・検討することで、良いアイディアを得ることができる。

❻ 解答例・解説・訳

❺ チェックリスト

本書ではTaskの解答を「解答例」として示しているが、これにあてはまらない場合でも、自分の解答がTaskの意図に沿っているか、このチェックリストで確認することができる。

❻ 解答例・解説・訳

Taskの解答例と、解説、訳を示している。自分の解答とかなり離れた内容であっても、表現力を磨くために有効な情報がたくさん入っているので、必ずチェックしよう。STEP 9と演習問題の解答例のうち、 DL➡01 マークが付いている英文は音声を聞くことができる。英文の構造を耳からも捉えるため、ぜひダウンロードしてみよう（p. 10参照）。

リファレンスページ

英文ライティングの基礎知識

このページでは、「英文を書く際に、基礎知識として押さえておきたい項目」をまとめている。エッセイに限らず、メールや通常の文書を作成する際にも必要なことばかりを紹介しているので、必ず目を通そう。

writing

1 インデント

通常、パラグラフの出だしは1字下げて書く（インデント）。これにより、パラグラフの区切りがはっきりわかるからだ。
しかし最近は「インデントは時代遅れである」とも言われるようになった。特に、ビジネス文書やメールなどでは字下げをしないことが多く、その場合はパラグラフ間に1行空けて、区切りを示すことになる。本書の解答例も、これにならっている。

2 大文字と小文字の使い分け

文頭と固有名詞（人名、地名、国名、川や海、山などの名前）は大文字で書き始める。それ以外に、以下の語も大文字で書き始めるのに注意。
- 言語：French（フランス語）、Japanese（日本語）など
- 宗教やそれに関する名前：Buddhism（仏教）、Christianity（キリスト教）など。神や聖典など、宗教に関する単語にも大文字
  God（神）、Krishna（ヒンズー教のクリシュナ神）、Allah（イスラム教のアラー神）、Jehovah（エホバ〈旧約聖書の神の名〉、the Koran（コーラン：イスラム教の経典）、the Bible（聖書）など
- 惑星や感星の名前：Mars（火星）、Mercury（水星）、Earth（地球）など
- 肩書き、称号：Dr. Yukawa（湯川先生）、Mayor Bloomberg（ブルームバーグ市長）など
- 曜日、月、祝日：Monday（月曜）、January（1月）、Thanksgiving Day（感謝祭の日）、Christmas（クリスマス）など
- 固有名詞としての学校、企業名：Tokyo University（東京大学）、Sony Music（ソニーミュージック社）など
ただし、spring（春）、summer（夏）などの「季節」は小文字だ。

p. 131 からの「英文ライティングの基礎知識」には、英文を書く上で知っておきたい基礎的な事項がまとめられている。スペースやカンマ、ピリオドの使い方など、ネイティブには常識でも、日本人は気づきにくいルールを挙げているので、長文を書き始めるSTEP 7に進む前に、必ず目を通すようにしよう。

演習問題

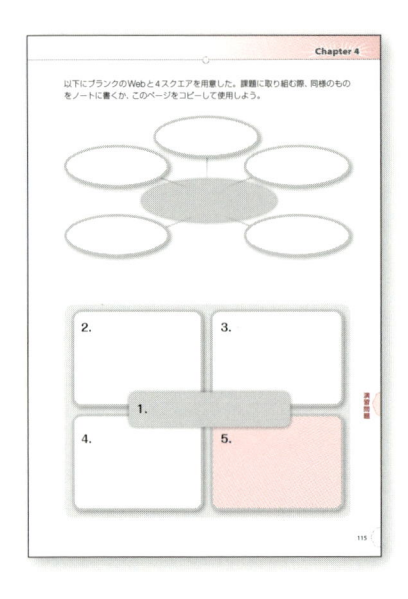

Chapter 4の演習問題では、規定の制限時間内でエッセイの作成に挑戦する。その際使用できるように、ブランクのWebと4スクエア、3問分の校正チェックリストを課題の前に用意した。Webと4スクエアは、コピーしても、ノートなどに同じものを手書きしても構わない。学習の仕上げに、必ずこれらのステップを踏んでエッセイを書こう。

なお、3つの課題の解答例の音声は、ダウンロードして聞くことができる。

無料音声ダウンロードのご案内

本誌の中で、**DL➡01** マークが付いている英文の音声ファイル（mp3）を無料でダウンロードすることができます。下記リンクにアクセスし、『アメリカ人なら小学校で学ぶ 英文ライティング入門』を選択、フォームに必要事項をご記入の上送信いただくと、ダウンロードページURLのご案内メールが届きます。

ALC Download Center
ダウンロードセンター　　http://www.alc.co.jp/dl/

4スクエア・ライティングメソッドとは

　本書で取り上げている**4スクエア**は、もともとアメリカの教育者で現役教師でもあるジュディス・グールド、エヴァン・グールド夫妻が開発した**Four Square Writing Method**で用いられている図形だ。

　同メソッドは、アメリカのライティング教育で使われていた**Six Traits**（Webを使った1人ブレーンストーミング→文章構成を考える→意見・主張を入れる→語彙を選択する→文章の流れを整える→書いた文章を校正する）をさらにわかりやすく、具体化したもので、さまざまな州の、特にライティング力の基礎を築く小学校低学年のクラスで採用されてきた。

　現在、日本の幼稚園の年長組に当たる1年生から、中学3年生に当たる9年生までの教材が出版され、多くの子どもたちがこの4スクエアを通してライティングのコツを学んでいる。詳しくは次ページからの「アメリカの小学生が受けるライティング教育」を参照いただきたい。

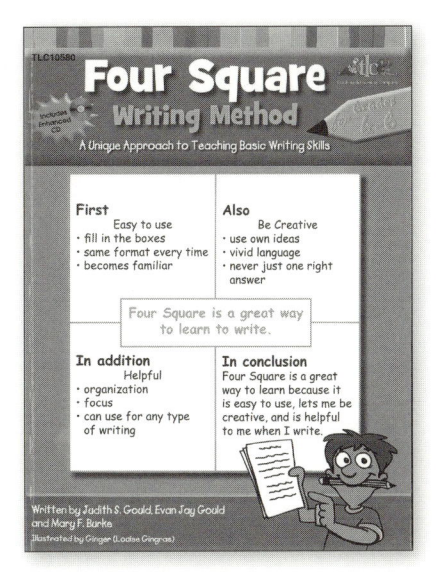

4年生から6年生（日本の小学校3〜5年生）向けのワークブック

Four Square Writing Method
written by Judith S. Gould and Evan Jay Gould
Teaching & Learning Company
a Lorenz company
P.O. Box 802
Dayton, OH 45401-0802

アメリカの小学生が受ける ライティング教育

日本での作文教育に比べ、アメリカの学校における
作文教育はより合理的でシステマチックだ。
教育の主眼は、「自分の考えを主張する論理展開」に置かれている。
具体的にどのようなステップで学ぶのか、著者（リーパー）が
勤務していたニューメキシコ州アルバカーキ市の
小学校を例に見てみよう。

幼稚園

　アメリカの多くの州で、義務教育は幼稚園年長（5歳）から始まる。私の勤務校では、学校に来るボランティアや教師、友人あての絵カードを書かせ、それに教師が書いた英文を書き写して添えるところからライティング練習が開始された。
　この時点で学ぶのは、大まかに以下のような項目だ。

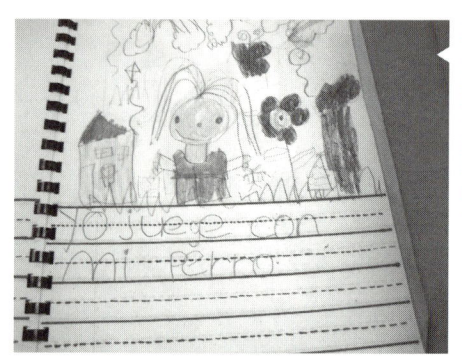

幼稚園での学習風景。絵を描き、その説明を生徒の書きやすい言語（この場合はスペイン語）で書いている

- 文は大文字で始まり、ピリオドで終わる
- 1つのトピックについて書く際、話があちこちに飛ばないよう注意
- 話には「始め」、「真ん中」、「結末」という構造がある

生徒とブレーンストーミングしながら、4スクエアを使ったライティング方法を指導

小学校低学年

この段階で、後述する**4スクエアの図形**が作文教育に取り入れられる。図形を使いながら、「メインアイディア（主題）に基づく英文作成」の基本を学習する。

1年生

- メインアイディアのコンセプトを学び、中央に書く
- 図形の3つのスクエアに、メインアイディアを説明する文を書く
- 書いている内容がメインアイディアから外れないよう注意する
- 短い文と長い文を混ぜて書く
- 図形の4つ目のスクエアに「まとめ」を書く

▷▷▷ **アメリカでのライティング学習プロセス** ▷▷▷

幼稚園
トピックに沿って絵で話を展開させる練習
「話には**始め、真ん中、結末**という構成がある」と認識

→

小学1年生
4スクエアの図形を導入
- メインアイディア
- それを説明する3つの文
- まとめ

を書く練習

作文する際は、「誰が」「何を」「どこで」などを明確に書くよう、指を使って確認させる

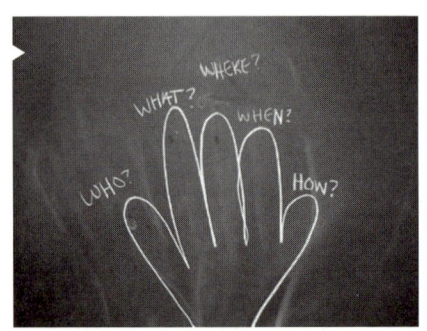

2年生
- 5W1Hをはっきり書く
- 適切な言い回し（フレーズ）を使う
- カンマやピリオドの使い方に注意する
- つづりを正しく書く
- 冒頭の文は1字下げて書く

小学校 中〜高学年

　長文を書く準備として、4スクエアをきちんと埋めていく練習に入る。書く内容を整理するため、ここで図（Web）を使ったブレーンストーミングを試みることが多い。最終学年に当たる5年生では、英文エッセイのスタイルに沿った5パラグラフの英文が書けるようになっている。

▶▶▶ アメリカでのライティング学習プロセス ▶▶▶

小学2年生
ライティングに必要な細かいルールを学ぶ
始め、真ん中、結末という流れをはっきりさせ、論理的に話を展開させることを学ぶ

小学3年生
Webを使ったブレーンストーミングを導入
4スクエアの中に**メインアイディア**+**その理由**+**結論**を書き、「つなぎ言葉」で結ぶ

3年生

- メインアイディアに関して思い浮かぶ項目をWebに記入
- Webを基に4スクエアを埋める練習
  メインアイディア＋3つのスクエアに理由＋4つ目のスクエアに結論
- スクエアとスクエアをつなげる「つなぎ言葉」を書く
- パラグラフ（段落）ごとに冒頭の文を1字下げて書く

4年生

- メインアイディアを含むイントロを丁寧に書く練習（➡パラグラフ1に）
- 3つのスクエアの理由に、各々3つずつ説明を加える練習（➡パラグラフ2〜4に）
- 4つ目のスクエアの結論を丁寧に書く練習（➡パラグラフ5に）
- 各パラグラフの冒頭に、メインアイディアと結び付く文を置く
- パラグラフ間に「つなぎ言葉」を入れる
- 語彙・表現の選択に注意する
- 最後のパラグラフ（結論）は、メインアイディアと結び付く文で終える

4年生の授業風景。イントロの書き方を、逆三角形の図を使って説明している

小学4年生

4スクエアの内容を5つのパラグラフに仕上げる
メインアイディアをイントロと結論に折り込む
各パラグラフ冒頭に内容を示す文を置き、「つなぎ言葉」で結ぶ

小学5年生（最終学年）

文全体の構成に気を配り、各パラグラフに自分の主張を入れる
イントロと結論の結び付きを確認

5年生（小学校最終学年）

- 各パラグラフに自分のvoice（主張、意見）を入れる
- 主張が伝わりやすい語彙・表現の選択を行う
- 全体の構成から、各パラグラフの内容が適切かチェックする
- イントロと結論がきちんと結び付いているかチェックする
- さまざまな文章のスタイルを知る

中学〜社会人

　小学校以降も、文章を書く際の基本となる考え方は、4スクエアの図形に沿った次の構成だ。

イントロ ＋ パラグラフ1 ＋ パラグラフ2 ＋ パラグラフ3 ＋ 結論

　形容詞・副詞の適切な選択、細部の詳細な描写、比喩表現の使用などを通して、文の質を高めていく。

　このように、アメリカでは「文章を書くために踏むべきステップ」を、小学校の段階からわかりやすくシステマチックに教えている。図形を使うことで作業手順をクリアにし、プロセスそのものを記憶に残りやすくする工夫が行われているのだ。
　本書ではこのアメリカ式ライティング教育をアレンジし、日本人学習者が学びやすい形にカリキュラムを組んだ。次章から早速、「書く練習」に取り組んでいこう。

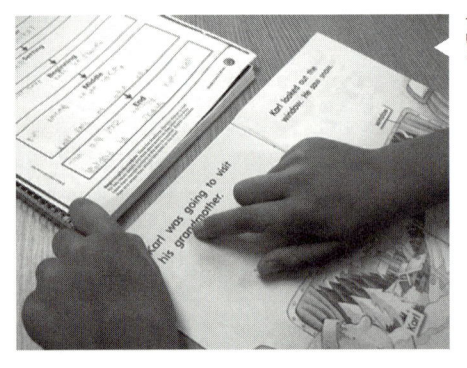

各単語の発音を確かめながら、声に出して読む小学2年生の生徒。図にストーリーの流れを書きこんでいく。文章の構造にフォーカスした教育が早期から行われている

Chapter 1
基礎トレーニング

　エッセイのライティングで、最初に行うのは「1人ブレーンストーミング」。メインアイディア（＝エッセイの主題）の元になるトピック（題目）に関連する項目を、できるだけ多く思い浮かべ、整理する練習だ。アメリカの小学生は、この段階で思いつく限りの項目を挙げて書く内容を膨らませ、個性的なエッセイを書くよう指導される。

　本書の基礎トレーニングもこれにならい、STEP 1ではトピックに関連する名詞をできるだけ多く並べ、STEP 2で項目を3つに絞り、エッセイの構成要素を決めるタスクを行う。効果的なブレーンストーミングの方法を理解し、実践しよう。

STEP 1
トピックに関する名詞をできるだけ多く並べる

STEP 2
トピックに関する名詞を3つに絞る

基礎

STEP 1
トピックに関する名詞をできるだけ多く並べる

　STEP 1では、トピック（題目）に関して自分が持っているアイディアをすべて棚卸しし、整理する練習を行う（「1人ブレーンストーミング」）。

　エッセイを書き始めてから思い付いたことを付け加えると、他の部分と重複したり、バランスを欠いたり、ときにはメインの主張と矛盾してしまう危険がある。**エッセイに盛り込みたい項目は、この時点ですべて出す**ように注意しよう。

　「1人ブレーンストーミング」には、下の**Web**（クモの巣）と呼ばれる図形を使う。中心に据えたトピックの周りに、関連する同じカテゴリーに属する名詞を並べていく。この段階では**名詞のみ**を並べ、動詞や形容詞は使わない。

　ここで気を付けたいのは、**項目のカテゴリーを揃える**ことだ。例えば、移動手段の「種類」（例：電車、自動車、飛行機）を並べる場合、「個別の乗り物」（例：ヘリコプター、ハイブリッドカー）のような**違うカテゴリーの項目を混在させてはいけない**。

STEP 1の目標
使えそうなアイディアを集め、エッセイの方向性をイメージする

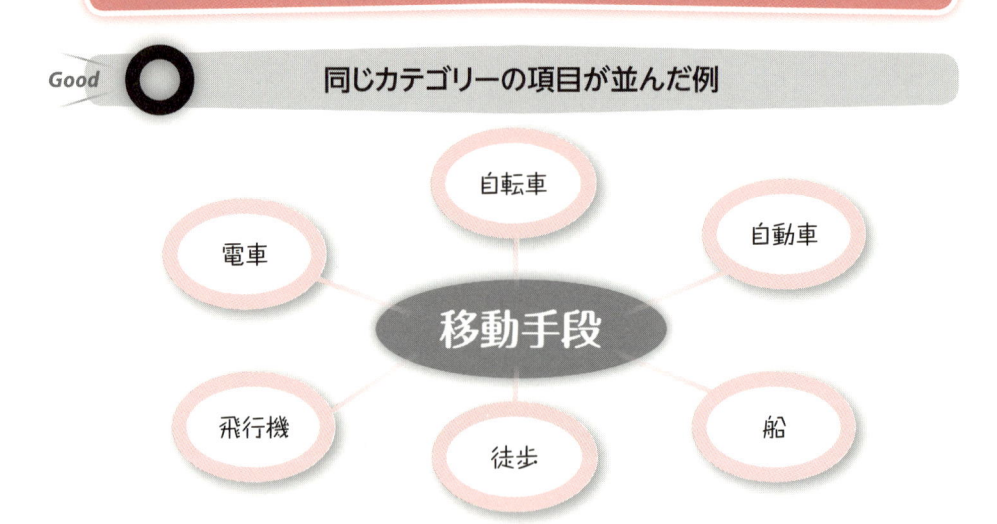

Good ── 同じカテゴリーの項目が並んだ例

- 移動手段
  - 自転車
  - 自動車
  - 電車
  - 飛行機
  - 徒歩
  - 船

解説 移動手段の「**種類**」という、同じカテゴリーに属する名詞が並ぶ。タクシーや自家用車も移動手段の1つだが、これらは乗り物の種類で言えば同じ「車」なので、自動車の下位カテゴリーに属することになる。

Chapter 1

Bad ❌ 違うカテゴリーの項目が混在する例　その1

STEP 1　トピックに関する名詞をできるだけ多く並べる

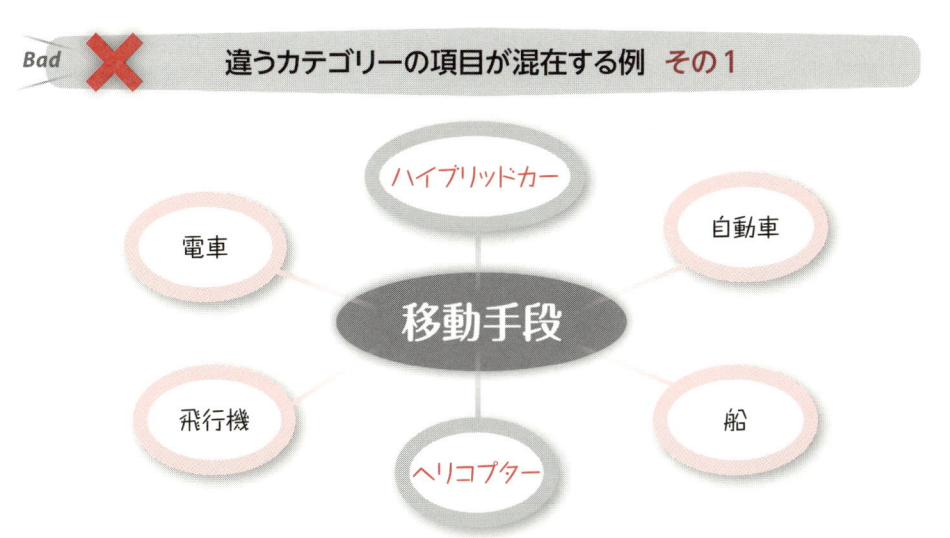

- ハイブリッドカー
- 電車
- 自動車
- 飛行機
- 船
- ヘリコプター

中央：移動手段

解説　移動手段の「**種類**」の中で、「**個別の乗り物**」であるヘリコプターとハイブリッドカーが同列に扱われている。ヘリコプターは飛行機の下位カテゴリー、ハイブリッドカーは自動車の下位カテゴリーに相当する。

Bad ❌ 違うカテゴリーの項目が混在する例　その2

- ラーメン
- 麺類
- ご飯もの
- サンドイッチ
- 親子丼
- スパゲティ

中央：ランチによく食べるもの

解説　ランチによく食べる「**個別の料理名**」の中で、「**食べ物の種類**」であるご飯もの・麺類が同列に扱われている。ご飯ものは親子丼の上位カテゴリー、麺類はラーメンやスパゲティの上位カテゴリーに相当する。

19

STEP 1 トピックに関する名詞をできるだけ多く並べる

Task 1 それでは実際に、Webを埋めてみよう。以下の空所に、**同じカテゴリーの名詞**（日本語）を入れよう。　▶ 解答例22ページ

Q1

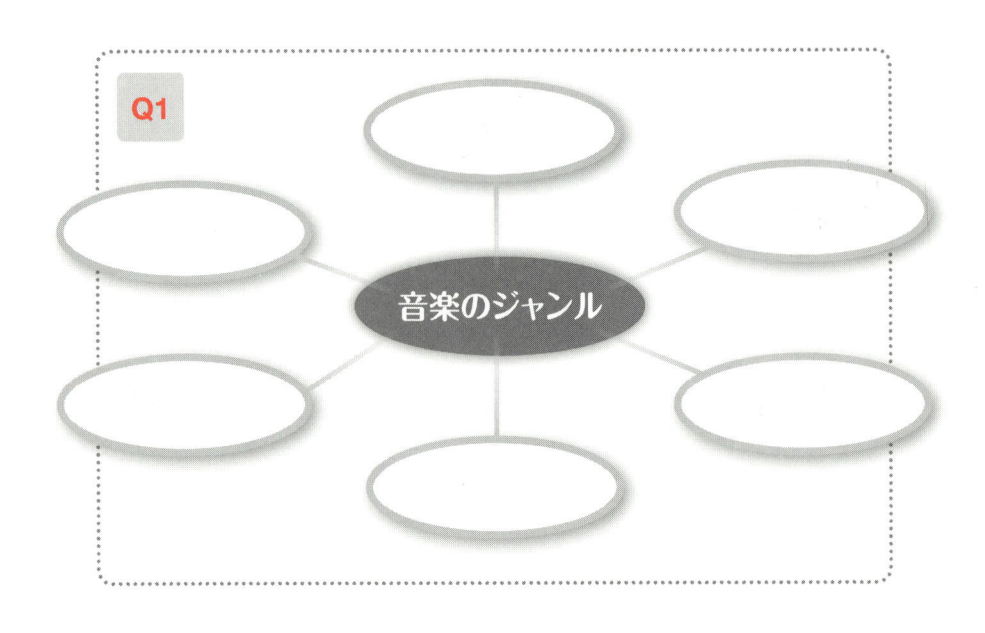

（中心）音楽のジャンル

Q2

（中心）販売促進活動

20

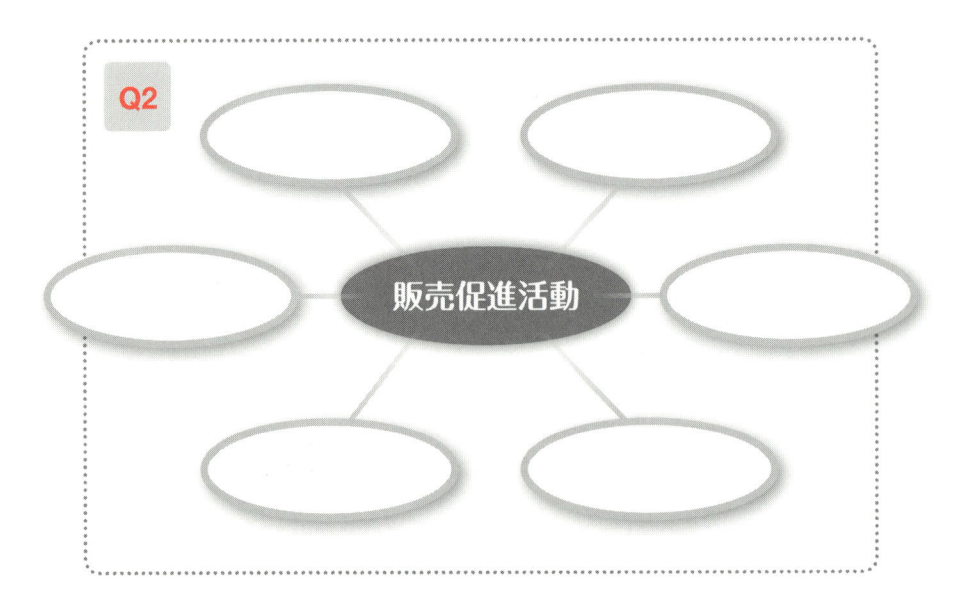

Chapter 1

Task 2 今度は**英語の名詞**を入れてみよう。日本語と異なる内容でも構わない（辞書使用可）。

▶ 解答例22ページ

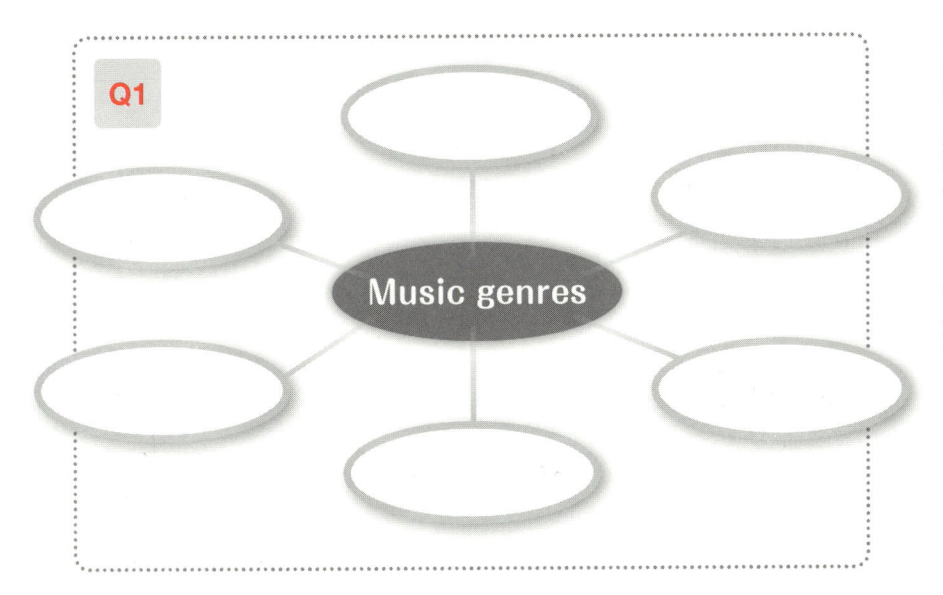

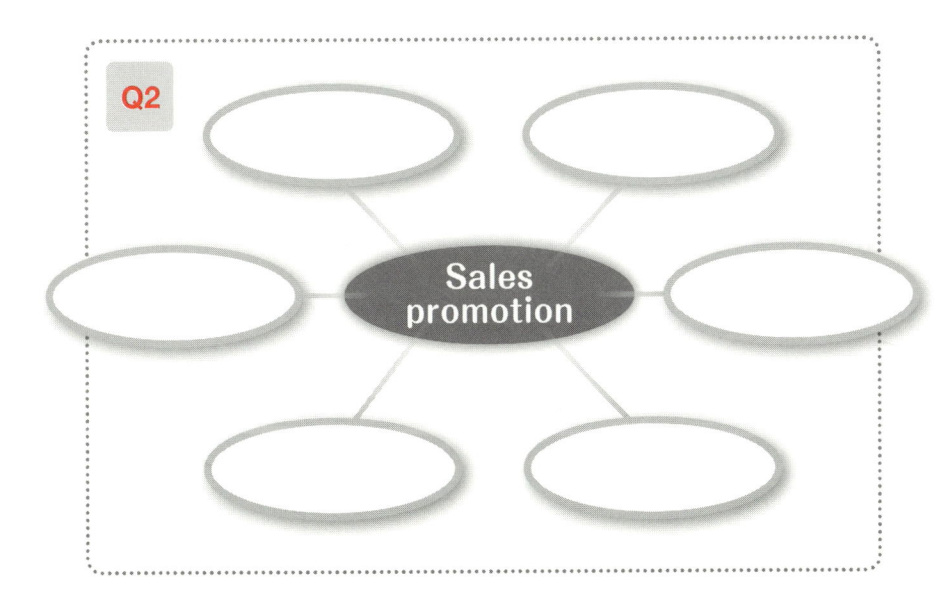

STEP 1 トピックに関する名詞をできるだけ多く並べる

Q1 Music genres

Q2 Sales promotion

STEP 1 トピックに関する名詞をできるだけ多く並べる

Task 1 & Task 2の答えをチェック

Taskの自分の解答を、下のチェックリストで確認しよう。

チェック項目（クリアしたら✓）	Task 1		Task 2	
	Q1	Q2	Q1	Q2
1. 名詞だけを書いている				
2. 上位・下位カテゴリーが混在していない				
3. 項目に重複がない				
4. すべて英語で書けた（Task 2のみ）				
5. 各項目の具体例がすぐ思い浮かぶ				

解答例

Task 1

Q1 （順不同）ポップス、ジャズ、クラシック、ヒップポップ、R&B、レゲエなど

解説 テーマは音楽のジャンル（種類）なので、曲名や歌手名を混在させないようにしよう。

Q2 （順不同）広告、値引き、実演、電話勧誘、店頭ディスプレイ、無料サンプルなど

解説 販売者・消費者の立場から考えてみよう。「広告」の下位カテゴリーには、新聞広告・テレビCM・インターネット広告・電車の中吊り広告などがある。

Task 2

Q1 （順不同）pop, jazz, classical music, hip-hop, R&B, reggaeなど

解説 音楽のジャンルは英語で言えるようにしておくと、ちょっとした雑談でも便利だ。日本語の「クラシック（音楽）」は英語ではclassical (music)なので注意しよう。

Q2 （順不同）advertisement, discount, demonstration, telemarketing, POP display, free samplesなど

解説 POP display とはpoint of purchase display（直訳は「購買時点陳列」）の略で、店頭で消費者の目を引くのに使うステッカーや手作りのポスター、店員のコメントなどを指す。

STEP 2
トピックに関する名詞を3つに絞る

　STEP 2では、STEP 1で思いつくままに挙げた項目を**取捨選択**するため、4つの四角（以降「**スクエア**」と表記）がトピックを取り囲む表を使う。トピックに関する名詞でWebを埋めた後、中央に据えたトピックを取り囲む3つのスクエアにサブトピック（下位項目）を並べていこう。**このサブトピックがのちに各パラグラフの構成要素に発展**するため、具体例やエピソードがすぐに思い浮かぶ項目を選ぶのがコツとなる。4つ目のスクエアには**3つの項目をまとめる文**が入る。

STEP 2 の目標
項目を厳選し、各パラグラフの構成要素を決定する

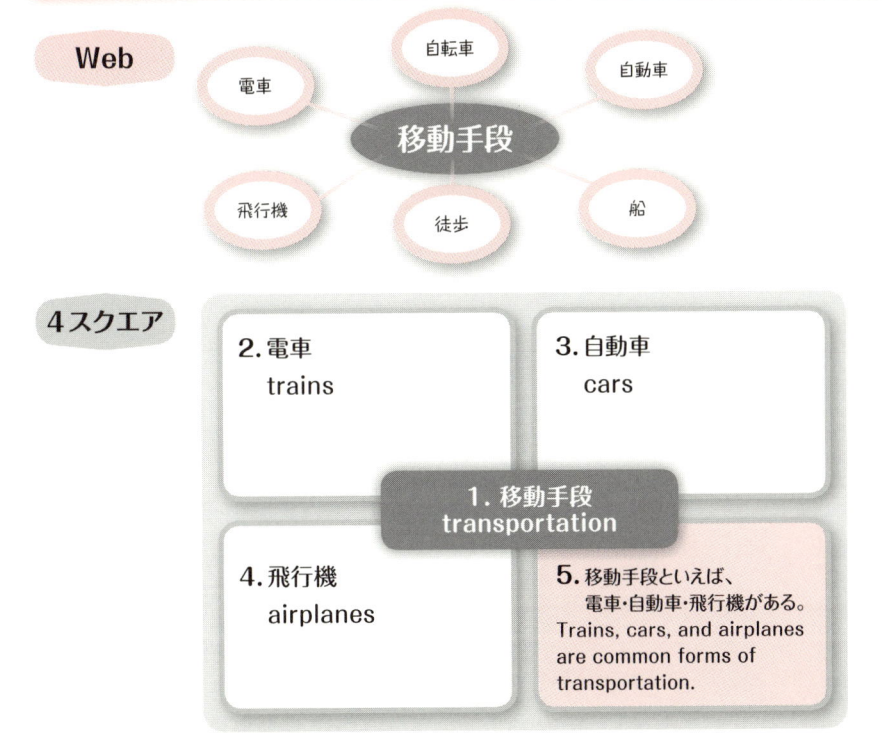

Web

- 自転車
- 電車
- 自動車
- 移動手段
- 飛行機
- 徒歩
- 船

4スクエア

2. 電車 trains	3. 自動車 cars
4. 飛行機 airplanes	5. 移動手段といえば、電車・自動車・飛行機がある。 Trains, cars, and airplanes are common forms of transportation.

中央: 1. 移動手段 transportation

解説　STEP 1で挙げた項目のうち、自分にとって身近で、**具体例やエピソードがすぐに思い浮かぶもの**を3つ選んで各スクエアに入れよう。STEP 2のTaskでは4つ目のスクエアが穴埋め式になっているが、慣れてきたら自分で書いていこう。

STEP 2 トピックに関する名詞を3つに絞る

Task 1 Webでアイディアを棚卸ししてから、各スクエアを<u>日本語で</u>埋めよう。<u>名詞以外に形容詞、フレーズも可。</u> ▶ 解答例28ページ

Q1

顧客への連絡方法

2.

3.

1. 顧客への連絡方法

4.

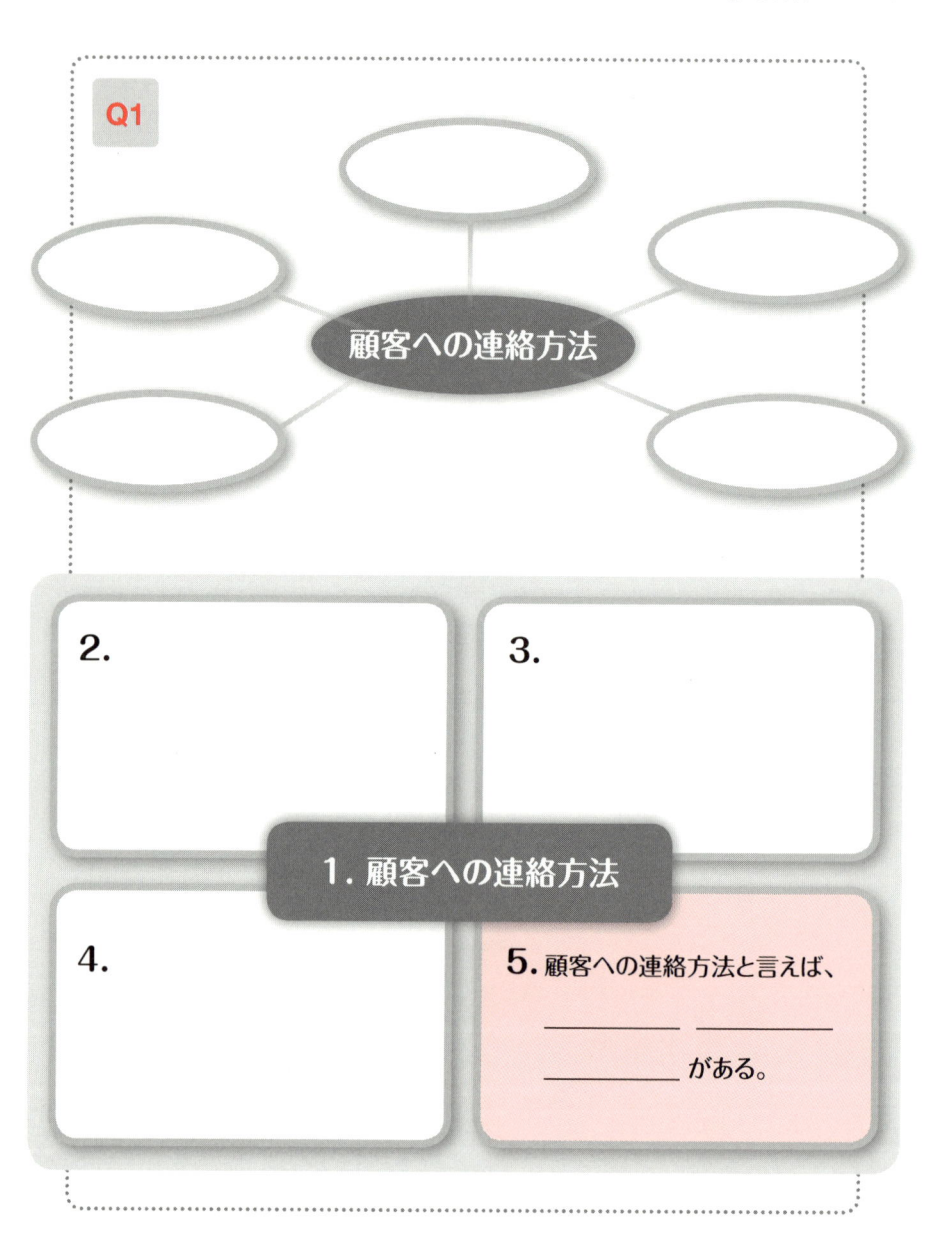

5. 顧客への連絡方法と言えば、＿＿＿＿＿ ＿＿＿＿＿ ＿＿＿＿＿ がある。

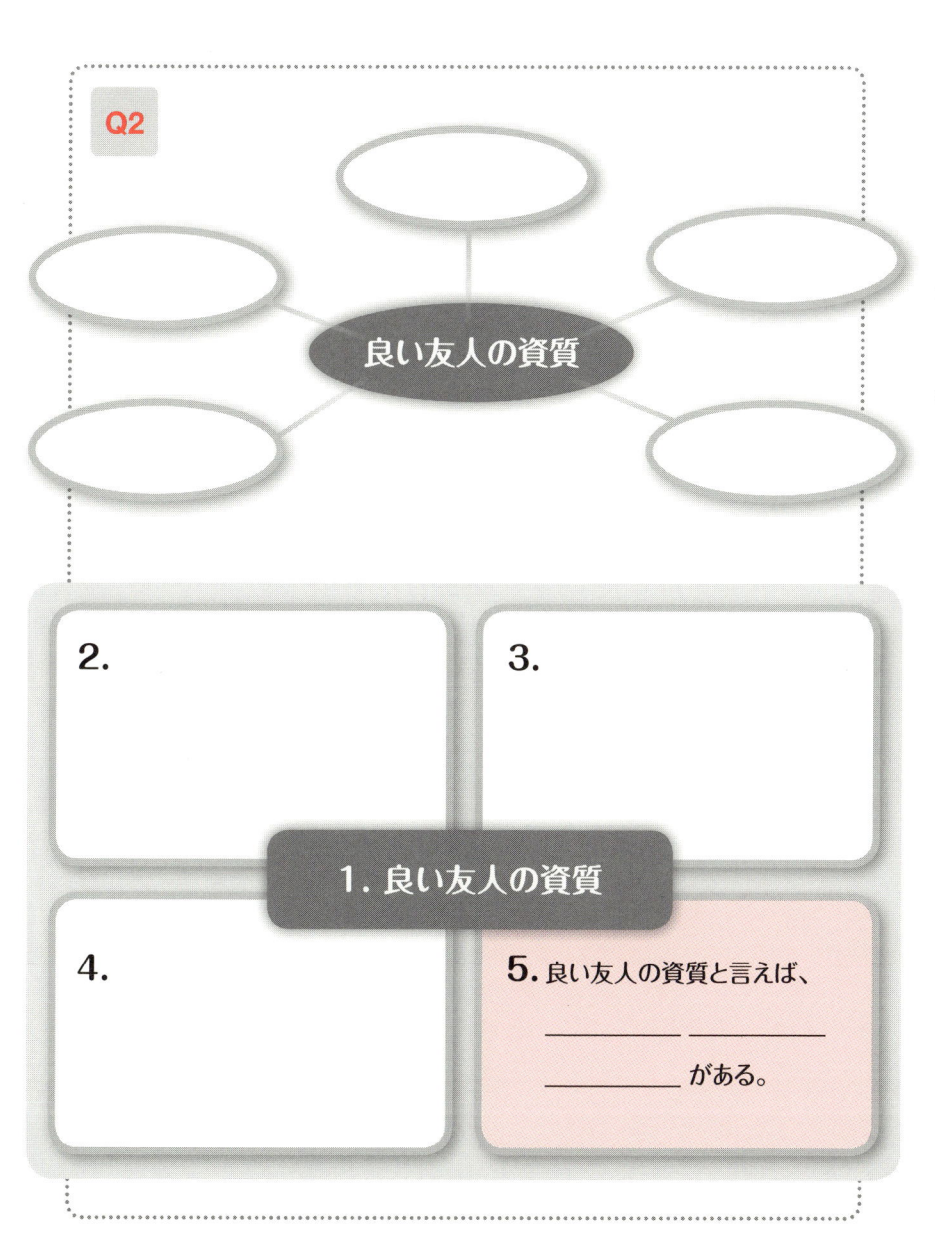

Chapter 1

STEP 2　トピックに関する名詞を3つに絞る

Q2

良い友人の資質

2.

3.

1. 良い友人の資質

4.

5. 良い友人の資質と言えば、_____ _____ _____ がある。

STEP 2 トピックに関する名詞を3つに絞る

Task 2 同じトピックについて、今度は**英語で各スクエアを埋めよう。名詞以外に形容詞、フレーズも可**（辞書使用可）。 ▶ 解答例28ページ

Q1

How to contact a client

2.

3.

1. How to contact a client

4.

5. You can contact your client by ＿＿＿, ＿＿＿, and ＿＿＿.

26

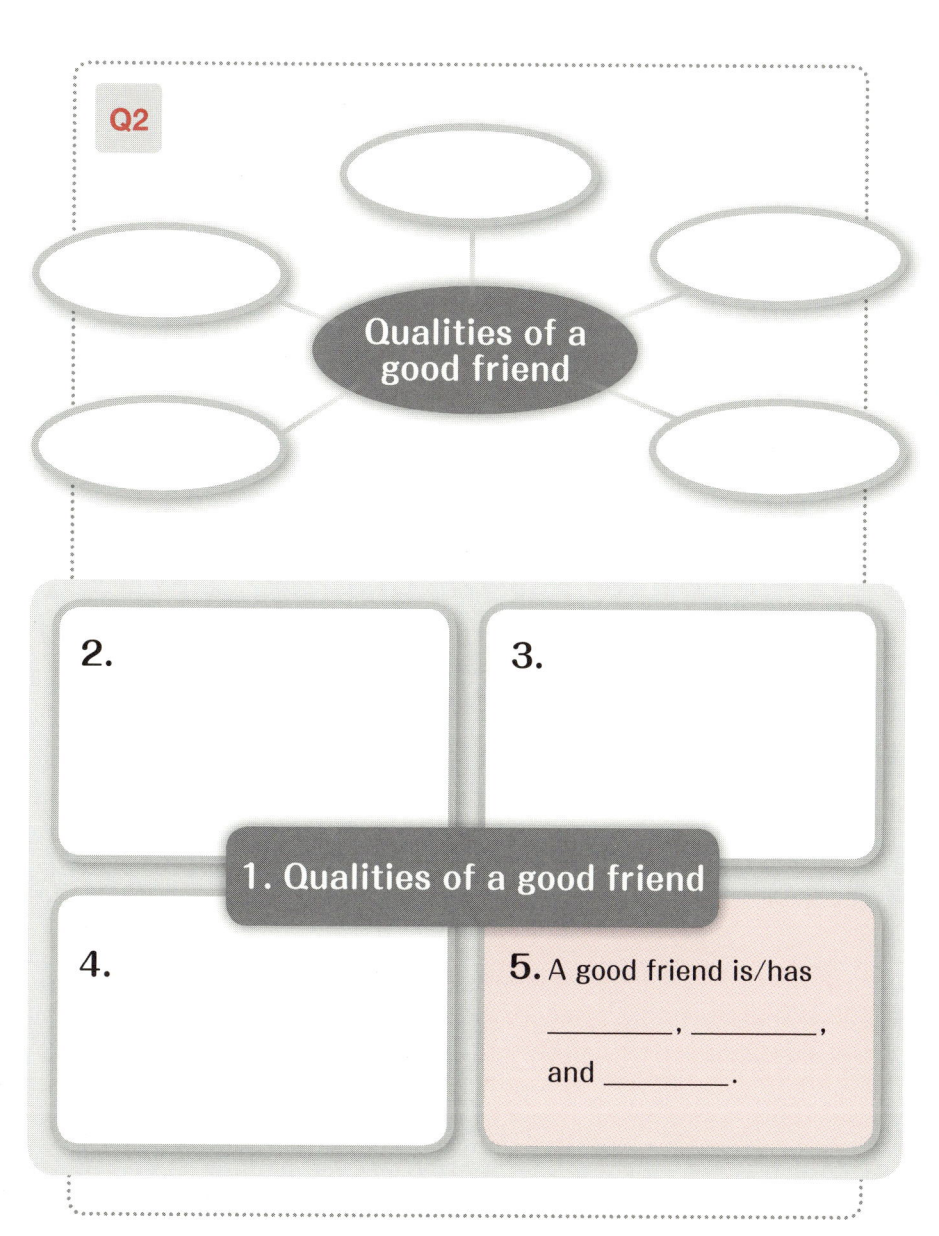

Chapter 1

STEP 2 トピックに関する名詞を3つに絞る

Q2

Qualities of a good friend

1. Qualities of a good friend

2.

3.

4.

5. A good friend is/has

_____, _____, and _____.

STEP 2 トピックに関する名詞を3つに絞る

Task 1 & Task 2の答えをチェック

Taskの自分の解答を、下のチェックリストで確認しよう。

チェック項目（クリアしたら✓）	Task 1		Task 2	
	Q1	Q2	Q1	Q2
1. 名詞・形容詞・フレーズだけを書いている				
2. 上位・下位カテゴリーが混在していない				
3. 項目に重複がない				
4. すべて英語で書けた（Task 2のみ）				
5. 各項目の具体例がすぐ思い浮かぶ				

解答例

Task 1

Q1 （順不同）電話、Eメール、手紙、ファクス、訪問、留守電など

解説 連絡する側・される側から考えてみよう。選んだ3項目について、具体例やエピソードがすぐに思い浮かぶだろうか。

Q2 （順不同）正直である、寛容である、自立している、親切である、責任感がある、前向きである、など

解説 自分の親友あるいは理想の友人を思い浮かべてみよう。

Task 2

Q1 （順不同）phone call, e-mail, letter, fax, visit, voice mailなど

解説 動名詞を使ってmaking a phone call（電話すること）やsending a letter（手紙を出すこと）としても構わない。

Q2 （順不同）honest, generous, independent, kind, responsible, positiveなど

解説 解答例はすべて形容詞なので、5.の文ではbe動詞を使い、A good friend is honest, generous, and independent. などとする。

Chapter 1

Task 3 今度は最初から、Webと各スクエアを**英語**で埋めよう。スクエアは、動名詞-ingを含むフレーズにすると書きやすい(辞書使用可)。

▶ 解答例31ページ

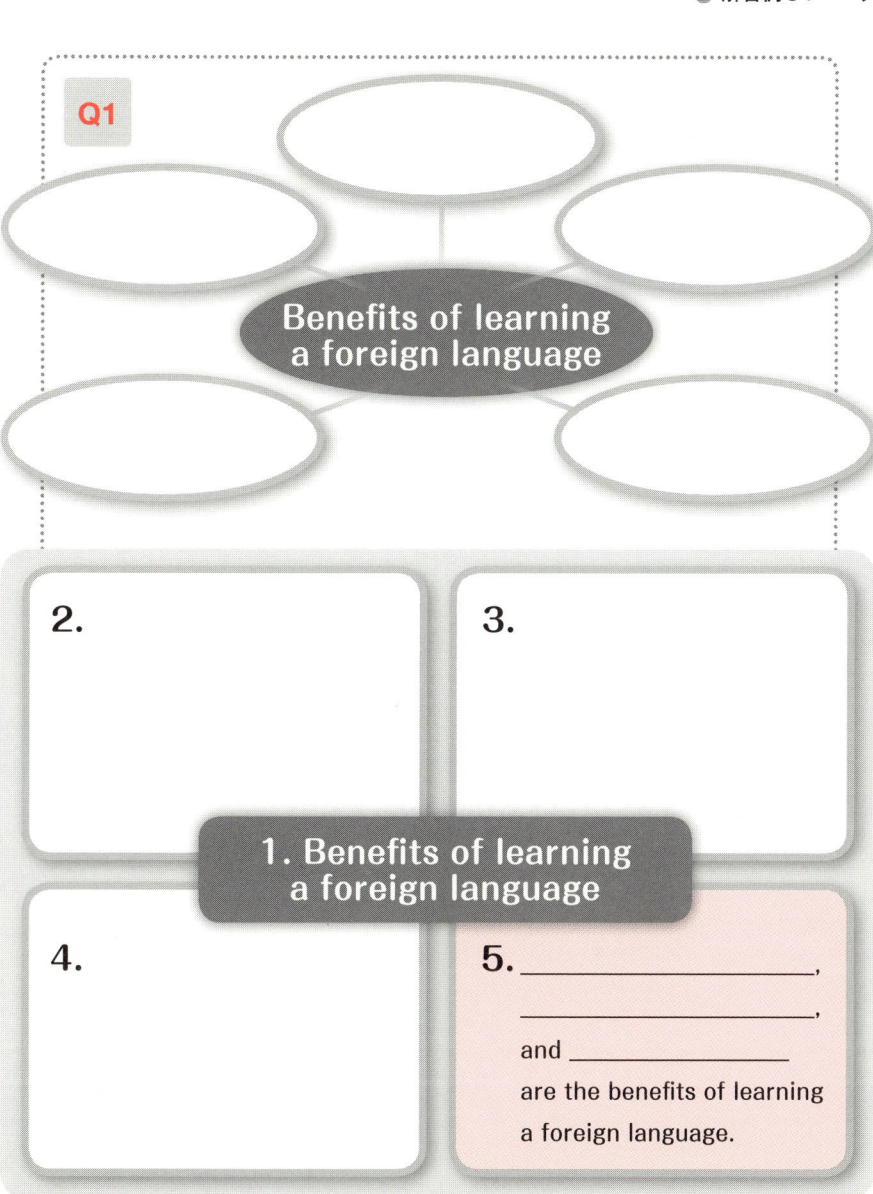

STEP 2 トピックに関する名詞を3つに絞る

Q1

Benefits of learning a foreign language

2.

3.

1. Benefits of learning a foreign language

4.

5. _____, _____, and _____ are the benefits of learning a foreign language.

29

STEP 2 トピックに関する名詞を3つに絞る

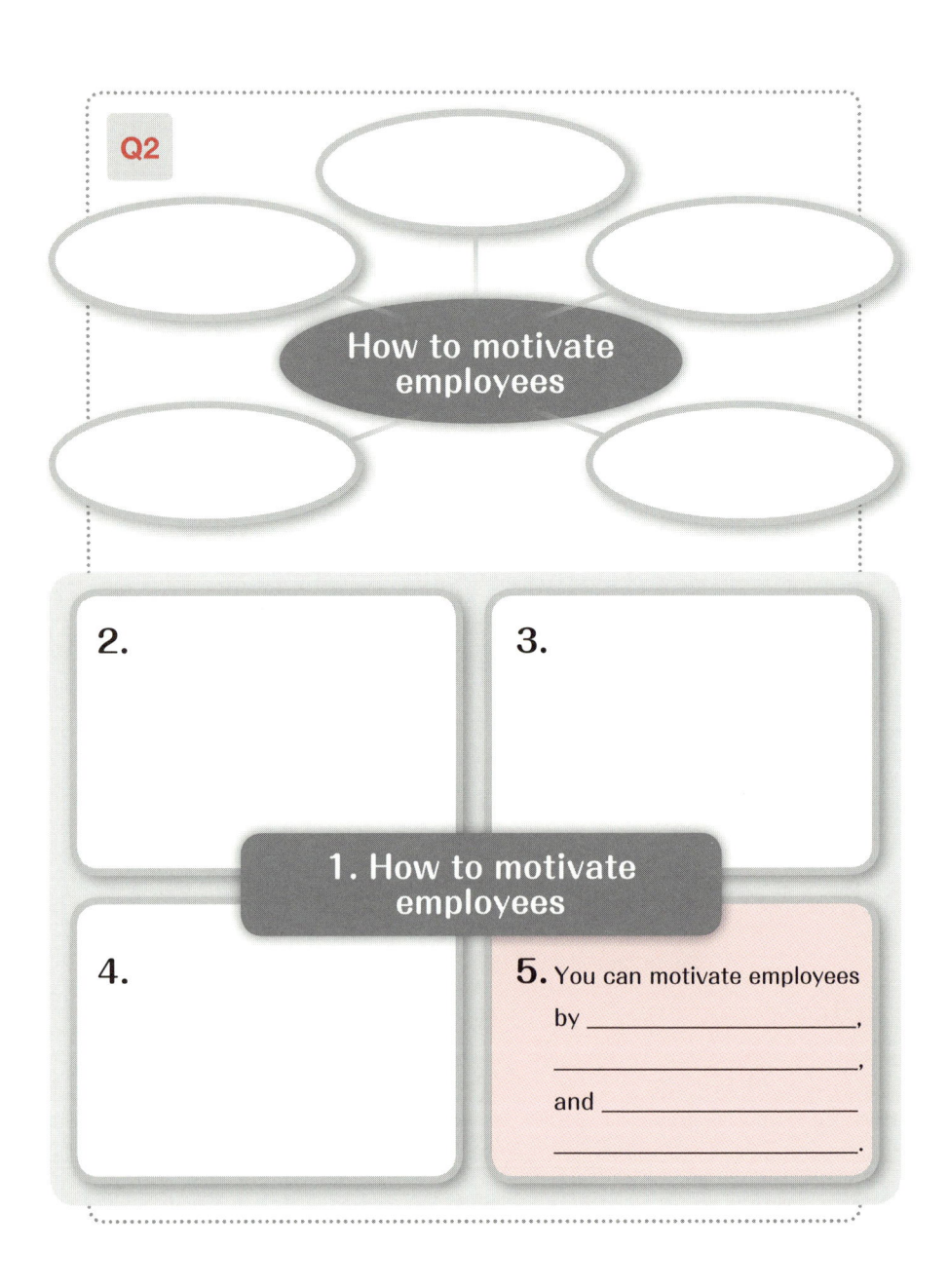

Q2

How to motivate employees

2.

3.

1. How to motivate employees

4.

5. You can motivate employees by _____, _____, and _____ _____.

Chapter 1

Task 3の答えをチェック

Taskの自分の解答を、下のチェックリストで確認しよう。

チェック項目（クリアしたら✓）	Q1	Q2
1. 名詞（動名詞）・フレーズだけを書いている		
2. 上位・下位カテゴリーが混在していない		
3. 項目に重複がない		
4. すべて英語で書けた		
5. 知らない単語・表現は調べた		
6. 各スクエアの具体例がすぐ思い浮かぶ		

STEP 2 トピックに関する名詞を3つに絞る

解答例

Task 3

Q1 （順不同）experiencing another culture, a better understanding of your first language, a sense of achievement, facilitating business, smoother communication など

解説 こうして英語を学んでいる私たちが受けている恩恵を思い出そう。「～に対するより深い理解（a better understanding of ～）」や「達成感（a sense of achievement）」は、さまざまな場面で使えるキーワードだ。

訳 **トピック** 外国語を学ぶ利点 **Web／3スクエア** 異文化の経験、第1言語に対するより深い理解、達成感、ビジネスの促進、より円滑な意思疎通 **まとめ** ～と～と～は外国語を学ぶ利点である。

Q2 （順不同）rewarding employees for their achievements, communicating with employees frequently, creating a pleasant work environment, giving employees responsibility, giving a training seminar など

解説 複雑なアイディアは動名詞を使ってフレーズにするといい。アイディアが浮かばない・英語表現に困るという場合は、"how to motivate employees" とキーワードを引用符で括ってGoogle検索すると、ヒットした英文の関連記事から使いたい表現を借りることができる。

訳 **トピック** 従業員をやる気にさせる方法 **Web／3スクエア** 業績に見合った報酬、従業員とのまめなやり取り、快適な職場環境の創造、従業員に責任を与える、研修セミナーを行う **まとめ** 従業員は、～と～と～でやる気にさせることができる。

column

アメリカの窓辺から ①

スペルチェッカーが拾わないミス

　英文を書く際、スペルチェック機能を使えば単純なミスは防げるが、「間違っているのに、英語としては正しいスペル」を書いてしまうと、そうはいかない。例えばprayとprey。この2語は発音が同じなのに、「祈る」と「獲物を捕って食べる」と、意味がまったく異なる同音異義語（homonym）である。

　ブロードウェーの俳優として活躍したフレッド・グウィン（Fred Gwynne）は、生前、同音異義語を集めた絵本を出版した。タイトルは *A Chocolate Moose for Dinner*。鹿のmooseと冷菓のmousseをかけた題名で、表紙には冷菓のムースを前に座る鹿のムースが描かれている。

　この中にDaddy says lions prey on other animals.というページがある。「ライオンはほかの動物たちを餌食（えじき）にする、とパパは言う」という意味だが、ここでも同音異義語のユーモアが発揮され、ほかの動物の背にまたがって祈るライオンたちのイラストが載っている。prayとpreyの意味の違いを記憶するには良いイラストだ。preyのeはeatにつなげるのが、私なりのこじつけ記憶法。

　prayは身内に不幸があった人に、I pray for you and your family.（ご家族のためにお祈りします）などと伝えるときに用いるので、スペル間違いにはくれぐれも用心したい。

（リーパーすみ子）

Chapter 2
発展トレーニング

発展トレーニングでは、以下の段階に入る。
1. これまでのブレーンストーミングで思いついた単語やフレーズを短文に発展させる
2. その文に詳細説明を加える
3. 全体を論理的につなげる

エッセイの大部分を占めるBody(本論)の着想を得るSTEP 4, 5, 6が、ライティング学習の山場と言えるだろう。

STEP 3
4スクエアを日本語の短文で埋める

STEP 4
4スクエアの短文を英語で表現する

STEP 5
3スクエアを説明・具体例で膨らませる

STEP 6
文やスクエア同士をTransition wordsでつなげる

発展

STEP 3
4スクエアを日本語の短文で埋める

　STEP 3では、STEP 2で選んだ**項目を文に発展させる**。より自由に発想するため、まずは日本語の短文でスクエアを埋めてみよう（はじめから英語で書ける人は、STEP 4へ進もう）。

　中央に据えた**メインアイディア**（＝エッセイの主題）の周りに、その**理由となる短文**を書いていく。右下のスクエアには、「3つの短文を要約し、メインアイディアを再び主張する文」を書く。**文を複雑にしすぎない**ことがポイントだ。

STEP 3の目標
メインアイディアに対する3つの理由を日本語で書いてみる

「電車が移動手段として最も便利な理由」を日本語で3つ並べた例

2. 渋滞がない。	3. 快適である。
4. 安全性が高い。	5. 渋滞がなく、快適で、安全性も高い。よって電車が最も便利な移動手段である。

中央: **1. 最も便利な移動手段は電車である。**

解説　「最も便利な移動手段は電車である」というメインアイディアに対する3つの理由が挙げられている。この段階で書く短文は、**簡潔かつ抽象的**で構わない。次の段階（本書ではSTEP 5）で、これらの理由を具体例やエピソードを用いて証明していく。

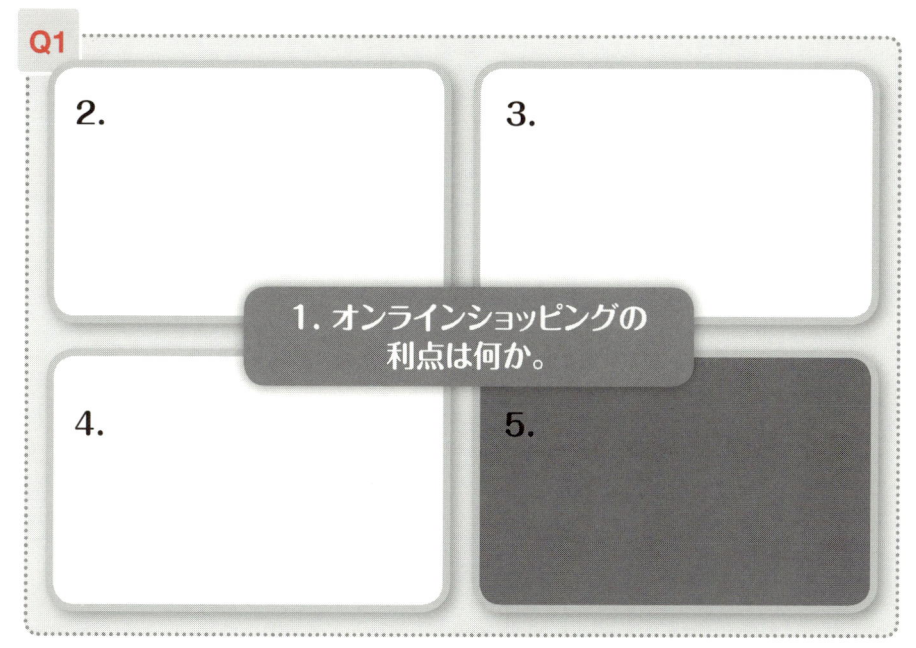

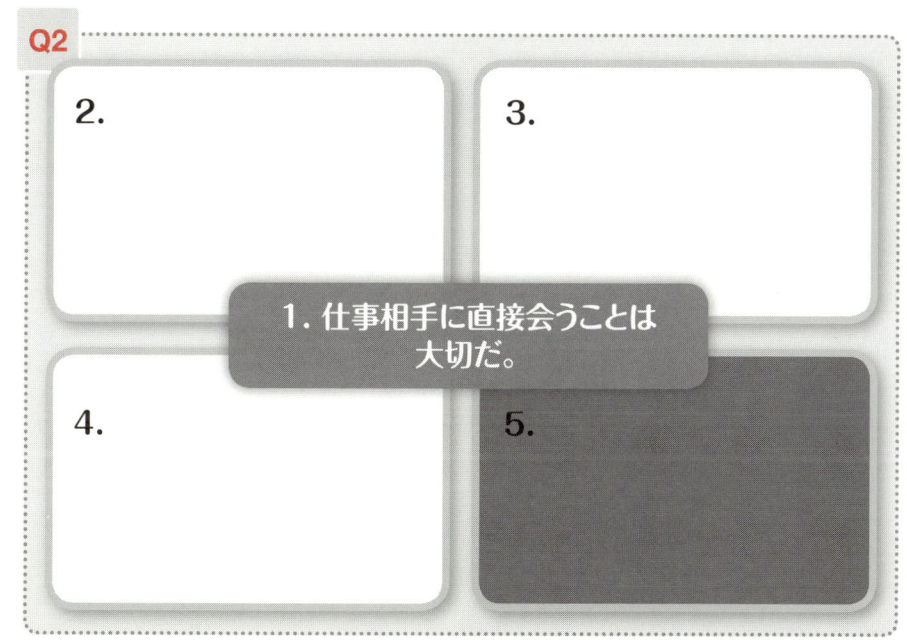

Chapter 2

Task 1 3スクエアを**日本語の短文**で埋めよう。最初は別紙にWebを書いて、アイディアを棚卸しするといい。

▶ 解答例36ページ

Q1

2.

3.

1. オンラインショッピングの利点は何か。

4.

5.

STEP 3 4スクエアを日本語の短文で埋める

Q2

2.

3.

1. 仕事相手に直接会うことは大切だ。

4.

5.

STEP 3　4スクエアを日本語の短文で埋める

Task 1の答えをチェック

Taskの自分の解答を、下のチェックリストで確認しよう。

チェック項目（クリアしたら✓）	Q1	Q2
1. すべてのスクエアが短文で埋まっている		
2. 内容に重複がない		
3. 短文は英語で表現できると思う		
4. 各スクエアの具体例がすぐ思い浮かぶ		
5. 具体例も英語で表現できそうだ		

解答例

Task 1

Q1　（順不同）24時間買い物ができる。価格を簡単に比較できる。店舗まで往復する時間を節約できる。在庫を確認できる。自宅に届けてもらえる。など

解説　ショッピングに限らず、インターネットを活用する利点は「24時間アクセス」と「すべてを自宅で済ませられる利便性」に集約されるだろう。このポイントは、ほかのオンライン関連のトピックにも応用できるはず。

Q2　（順不同）相手の考えがわかりやすい。先方のオフィスでさまざまな情報を得られる。オフレコの情報を得られるかもしれない。詳細を詰めやすい。こちらの状況を伝えやすい。など

解説　Eメールや電話でのコミュニケーションと比較して、相手と会って話すことによってのみ得られる恩恵を考えてみよう。対照的な事象があるトピックの場合、**両者を比較・検討する**ことで、良いアイディアを得ることができる。

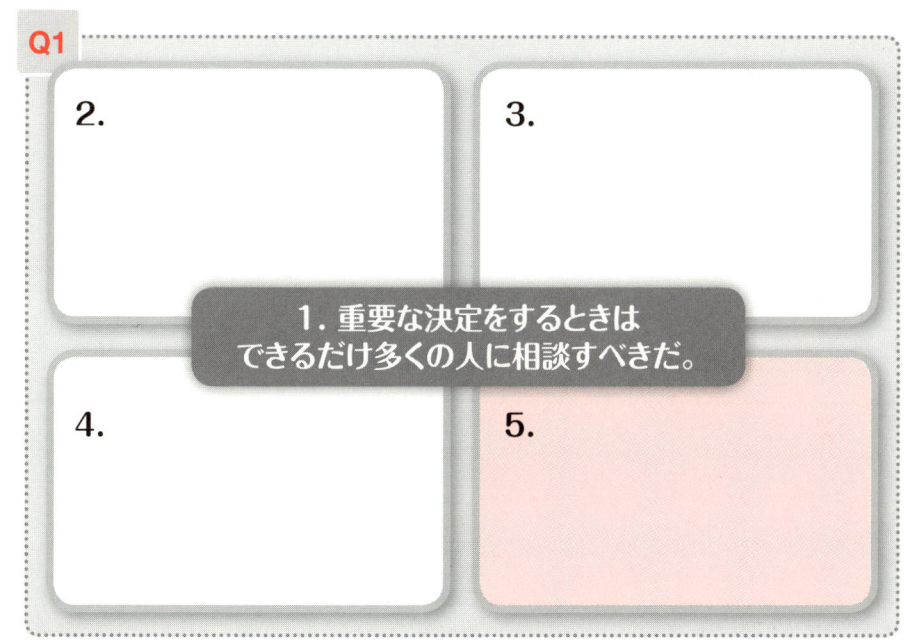

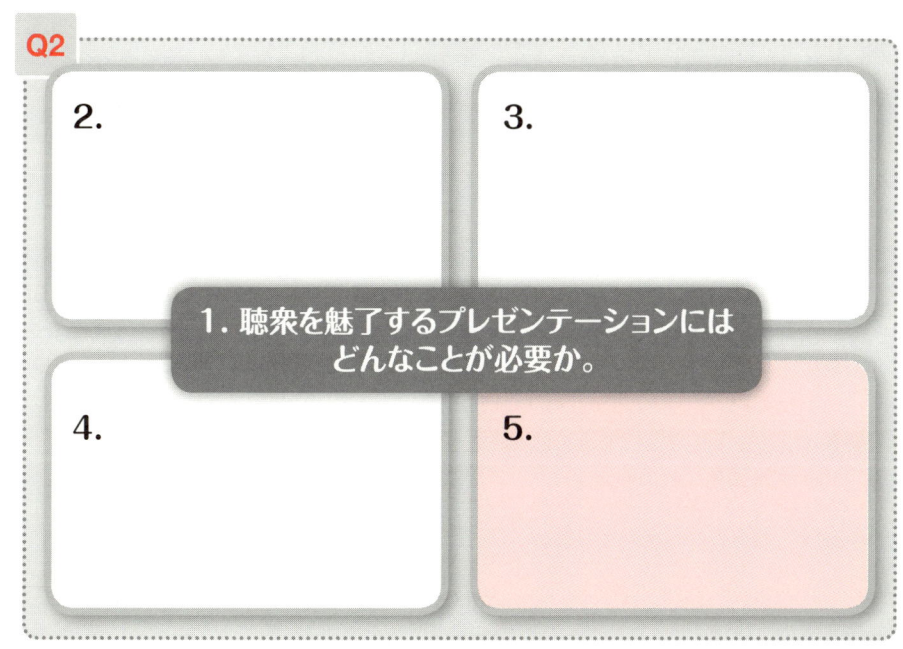

Chapter 2

Task 2 今度は4スクエアを**日本語の短文**で埋めよう。最初は別紙にWebを書いて、アイディアを棚卸しするといい。　▶解答例38ページ

STEP 3 4スクエアを日本語の短文で埋める

Q1

2.	3.
4.	5.

1. 重要な決定をするときはできるだけ多くの人に相談すべきだ。

Q2

2.	3.
4.	5.

1. 聴衆を魅了するプレゼンテーションにはどんなことが必要か。

STEP 3　4スクエアを日本語の短文で埋める

Task 2の答えをチェック

Taskの自分の解答を、下のチェックリストで確認しよう。

チェック項目（クリアしたら✔）	Q1	Q2
1. すべてのスクエアが短文で埋まっている		
2. 内容に重複がない		
3. 最後のスクエアは3つの短文を網羅した内容だ		
4. 短文は英語で表現できると思う		
5. 各スクエアの具体例がすぐ思い浮かぶ		
6. 具体例も英語で表現できそうだ		

解答例

Task 2

Q1　（順不同）さまざまな意見を得られる。多くの人に相談する過程で問題点が明確になる。相談した人がその後もサポートしてくれるかもしれない。　**まとめ**　重要な決定をするときにできるだけ多くの人に相談すべきなのは、さまざまな意見を得られ、多くの人に相談する過程で問題点が明確になり、かつ相談した人がその後もサポートしてくれるかもしれないからだ。

解説　「重要な決定こそ1人ですべき」という考えの人もいると思うが、あえて大勢の人に意見を聞くメリットを探してほしい。ちなみに、人に相談するメリットを説く英語の諺（ことわざ）に、以下のようなものがある。Two heads are better than one.（2つの頭は1つより優れている）、Four eyes see more than two eyes.（4つの目は2つの目よりよく見える）

Q2　（順不同）聞き手にとって新しい情報が含まれている。画像が効果的に使用されている。聞き手の心に迫る逸話が紹介されている。　**まとめ**　聴衆を魅了するプレゼンテーションには、聞き手にとって新しい情報が含まれていて、画像が効果的に使用されており、かつ聞き手の心に迫る逸話が紹介されている。

解説　自分がいいと思う、あるいは理想とするプレゼンテーションを具体的に思い浮かべ、その特徴を言葉にしてみよう。

column

アメリカの窓辺から ②

時には当たり前の表現から逸脱する

　本書で取り上げている4スクエアのライティング・メソッドを発案したジュディス・グールド (Judith Gould) は、英文を書く際、「平々凡々な単語を繰り返すな」と言っている。特に、以下の単語を繰り返すと陳腐になるそうだ。
　really　a lot　so　very
耳の痛い人は多いのではないだろうか。
　先日、アメリカ人の友人から届いたメールの冒頭に、This message is primarily for Ray. (これは主にRayあてのメッセージです。注：Rayは著者の夫)とあった。primarilyという単語の選択が面白い。私ならきっと、Please transfer this message to Ray. (このメッセージはRayに転送してください)と書くだろう。新しい表現を覚えた気がした。
　もう1人、こちらは日本人の友人だが、駅で私を見送る際に"We had a wonderful, fabulous, great, and tremendous time." (とても素晴らしい時間を過ごせた)と言ってくれた。そのとき思い出したのは、アメリカの小学校で同僚だった教師のことだ。彼女は生徒に「この単語は何だかわかった？」と尋ね、生徒が答えると次々とほかの表現でその語を言い換えさせた。私の友人も、そういう教育を受けたのかもしれない。
　さらに、もっと個性的な表現を使う同僚もいた。彼女は図書館で退屈な整理作業をしている私のところにやって来て、"Monumental work!"と声を掛けたのだ。hardではなくmonumentalと言うと、「途方もなく」「とてつもなく」という感じが見事に表現される。
　日ごろから見聞きする英語にアンテナを張って、表現力を豊かにしていきたいものである。

（リーパーすみ子）

アメリカの小学校では、同じ意味をさまざまな言葉で表す授業が行われる

STEP 4
4スクエアの短文を英語で表現する

　STEP 4では、STEP 3で書いた日本語の短文を、英語の短文に置き換える。この際、日本語の直訳にこだわると、文章が複雑になったり、英語らしくない表現になったりしてしまう。**「発想」だけを頭に置いて**、なるべくシンプルな英語の表現を使おう。
　STEP 3と同様に、**メインアイディアに裏付けを与えるシンプルな英文**を、3つのスクエアに書いていく。

STEP 4の目的

メインアイディアをサポートする3つの理由を英語で表現

「電車が移動手段として最も便利な理由」を英語で3つ並べた例

2. There are no traffic jams when you travel by train.

3. You can travel comfortably on a train.

1. The most convenient form of transportation is the train.

4. Trains are relatively safe.

5. The train is the most convenient form of transportation because there are no traffic jams, you can travel comfortably, and trains are relatively safe.

解説 STEP 3のサンプルを英語で表現するとこうなる、という一例。日本語では省略されがちな**「主語」を上手に選ぶ**ことが、英語の短文を書くコツの1つだ。次のパターンを参考にしてほしい。

— There is/are ... (〜がある・ない)
— You can [動詞] ... (〜できる)
— [論じている事柄を表す名詞] is/are ... ([論じている事柄] は〜である)
— It is [形容詞] to do ... (〜することは [形容詞] である)

訳 1. 最も便利な移動手段は電車である。2. 電車での移動には渋滞がない。3. 電車での移動は快適である。4. 電車は比較的安全である。5. 渋滞がなく、快適で、安全性も高いので、電車が最も便利な移動手段である。

STEP 4 4スクエアの短文を英語で表現する

Task 1 3スクエアに**英語の短文**を入れよう（最後のスクエアは不要）。STEP 3の日本語と異なっても構わない（辞書使用可）。　▶ 解答例43ページ

Q1

2.

3.

1. What are the advantages of online shopping?

4.

5.

Q2

2.

3.

1. It's important to meet business partners in person.

4.

5.

Task 1の答えをチェック

Taskの自分の解答を、下のチェックリストで確認しよう。

チェック項目（クリアしたら✓）	Q1	Q2
1. すべてのスクエアが短文で埋まっている		
2. 内容に重複がない		
3. すべて英語で書けた		
4. 知らない単語・表現は調べた		
5. すべての短文に主語と動詞がある		
6. 各スクエアの具体例がすぐ思い浮かぶ		
7. 具体例も英語で表現できそうだ		

解答例

Task 1

Q1 （順不同）You can shop 24/7, 365 days a year. You can compare prices easily. You can save time visiting the store. You can check if the stock is available. You can have the items delivered.

解説 Task 1の解答例は、You can ...（～できる）の構文で統一した。シンプルな構文を繰り返し使うことで、メッセージを印象付けることもできる。ただし多用すると陳腐になるのでバランスが大切だ。24/7 (twenty-four seven)は「毎日24時間」の意。

訳 **トピック** オンラインショッピングの利点は何か。 **3スクエア** 年中無休で24時間買い物ができる。価格を簡単に比較できる。店舗まで往復する時間を節約できる。在庫の有無を確認できる。商品を宅配してもらえる。

Q2 （順不同）Reading the facial expressions and body language of a client helps you communicate better. Visiting your client in their office can tell you many things. It's possible for you to hear "off the record" information.

解説 Task 2の解答例では、Task 1で多用したYou can ...の構文を避け、主語にバラエティを持たせた。動名詞を主語にし（例：Reading ...）、教えてくれる（tells you）・～するのを助けてくれる（helps you do）・可能にする（enables you to do）といった動詞を続けると、構文に多様性が出る。

訳 **トピック** 仕事相手に直接会うことは大切だ。 **3スクエア** 相手の表情やしぐさを読むことで、より意思疎通しやすくなる。先方のオフィスに行けば、さまざまな情報を得られる。オフレコの情報を得られるかもしれない。

STEP 4 4スクエアの短文を英語で表現する

Task 2 今度はすべてのスクエアに英語の短文を入れよう。STEP 3の日本語と異なっても構わない（辞書使用可）。　▶解答例45ページ

Q1

2.

3.

1. You should talk to as many people as possible when you make an important decision.

4.

5.

Q2

2.

3.

1. What makes your presentation attractive to the audience?

4.

5.

Task 2の答えをチェック

Taskの自分の解答を、下のチェックリストで確認しよう。

チェック項目（クリアしたら✔）	Q1	Q2
1. すべてのスクエアが短文で埋まっている		
2. 内容に重複がない		
3. すべて英語で書けた		
4. 最後のスクエアは3つの短文を網羅した内容だ		
5. 知らない単語・表現は調べた		
6. すべての短文に主語と動詞がある		
7. 各スクエアの具体例がすぐ思い浮かぶ		
8. 具体例も英語で表現できそうだ		

STEP 4 4スクエアの短文を英語で表現する

解答例

Task 2

Q1（順不同）You can learn from other people's ideas and opinions. / You can get a better understanding of the issue when you explaining it to people repeatedly. / You may receive support from the people you talk to.

5.の文 You should talk to as many people as possible when you make an important decision because you can learn from other people's ideas and opinions, you can get a better understanding of the issue when you explain it to people repeatedly, and you may receive support from the people you talk to.

解説 解答例はYouを主語にしているが、It's possible to do ...（～することは可能だ）、People will give you ...（人々は～を与えてくれるだろう）、Talking to many people helps you do ...（多くの人に話をすると～しやすくなる）といった構文も使える。

訳 他人のアイディアや意見から学べる。人に繰り返し説明する過程で、問題をよりよく理解できる。相談した人からサポートを受けられるかもしれない。**5.の文** 重要な決定をするときにできるだけ多くの人に相談すべきなのは、他人のアイディアや意見から学べ、人に繰り返し説明する過程で問題をよりよく理解でき、かつ相談した相手からサポートを受けられるかもしれないからだ。

STEP 4　4スクエアの短文を英語で表現する

Q2　(順不同) An attractive presentation includes something novel for the audience. / An attractive presentation uses visuals effectively. / An attractive presentation introduces an anecdote that inspires the audience.

5. の文　An attractive presentation includes something novel for the audience, uses visuals effectively, and introduces an anecdote that inspires the audience.

解説　解答例では主語をAn attractive presentationに揃えたため、5. の文では共通の主語（An attractive presentation）に動詞を3つ並べる形が可能になった。1. の文をそのまま活かそうとすると、＜名詞＞ makes your presentation attractive to the audience. と主語が長くなりがちで、動詞以下の部分が重複することになり、冗長な印象を与えてしまう。

訳　聴衆を魅了するプレゼンテーションには、聞き手にとって新しい情報が含まれている。画像が効果的に使用されている。聞き手の心に迫る逸話が紹介されている。**5.の文** 聴衆を魅了するプレゼンテーションには、聞き手にとって新しい情報が含まれていて、画像が効果的に使用されており、かつ聞き手の心に迫る逸話が紹介されている。

column

アメリカの窓辺から

③

「書く力」が重視されるアメリカ

　アメリカで大学に進学するためには、SAT(Scholastic Assessment Test)という全国統一試験を受ける必要がある。この試験である程度の点数を取っていないと、希望大学への入学はかなわない。
　SATは、(1)リーディング、(2)数学、(3)ライティングの3つの分野から構成されている。ライティングでは選択肢式のテストに加え、小論文(short essay)を25分間で書くことが求められる。ここで最も大切なのは「自分が主張したいことをいかに論理的に述べるか」で、「意見」「その裏付け」「適切な語彙の選択」などが評価される。大学によってはこれに加え、「なぜこの大学を希望するのか」を書いたエッセイを提出させることもある。
　アメリカの小学校、中学校、高校でライティング教育に力を入れるのは、「相手を説得する文章」を書く力が、大学入試はもちろん、社会に出てからも必要とされるからだ。例えば読書の感想文なども、その本が歴史的に占める位置、読者の共感を得た社会的背景、その本が自分に与えた影響などを書くことが求められる。
　こうしたエッセイの基本は、本書で扱っている9つのSTEPを通して学ぶことができる。アメリカ人が標準的に身に付けている「書く力」を、この機会にぜひ磨いてほしい。
　　　　　　　　　　　　　　　　　　　　　　　　（リーパーすみ子）

SATを主催する団体、College Board発行の公式ガイドブック。アメリカの大学進学の際は、SATか ACT(The American College Testing Program)と呼ばれる試験のスコア提出が義務付けられている

STEP 5
3スクエアを説明・具体例で膨らませる

　STEP 5では、STEP 4で書いた3つの短文を、わかりやすい説明や具体例で膨らませていく。読み手に納得してもらえるような**詳細な説明・具体例・エピソード**（筆者の体験など）を各スクエアの脇に**箇条書きで**書いていこう。どれを使うかは後で吟味すればいいので、この段階では**思いつくままにキーワードやフレーズ単位でどんどん書き足して**ほしい。

　いきなり英語で書くことに不安があるかもしれないが、**日本語で思いついたことをそのまま英語にしようと思わ「ない」ほうが上手くいく**。日本語で言いたいことを大まかな「イメージ」でとらえ、それを表すのに最も近い単語やフレーズを選んで、当てはめるつもりでやってみよう。

　例えば

「電車は移動に必要な時間をあらかじめ予測できる」

➡「見積もる・時間・移動」

➡「estimate（見積もる）・time（時間）・travel（移動）」

➡「can estimate the travel time」

といった脳内作業を行っていく。

STEP 5の目標
3つの理由に説明や具体例を加え、説得力を与える

Chapter 2

電車が移動手段として最も便利な3つの理由に、「説明や具体例」を加えた例

- no traffic jams, no stress
- can estimate the travel time
- a terrible traffic jam last summer

- can relax
- can enjoy the scenery
- the seats are comfortable

2. There are no traffic jams when you travel by train.

3. You can travel comfortably on a train.

1. The most convenient form of transportation is the train.

4. Trains are relatively safe.

5. The train is the most convenient form of transportation because there are no traffic jams, you can travel comfortably, and trains are relatively safe.

- less security concerns than airplanes
- less subject to bad weather
- not many train accidents

STEP 5　3スクエアを説明・具体例で膨らませる

解説 このサンプルでは3つのスクエアにそれぞれ3つの説明が加えられているが、**スクエアによって数が違っても構わない**。自分の経験（例：交通渋滞に巻き込まれてひどい目に遭って以来、マイカーでの移動は避けている）を盛り込むと、英文にその人にしか出せない個性が加わる。この段階では、英語の「正確さ」よりも、**アイディアの「量」やアイディアを思いつく「速さ」を重視**してほしい。

訳 （各スクエアの英文はSTEP 4の訳を参照）**2.** 渋滞がなければストレスもない、移動時間を見積もることができる、去年の夏にひどい交通渋滞に巻き込まれた　**3.** リラックスできる、景色を楽しむことができる、座席の座り心地がいい　**4.** 飛行機より保安上の懸念が少ない、悪天候の影響を受けにくい、電車の事故は少ない

STEP 5　3スクエアを説明・具体例で膨らませる

Task 1 　3スクエアを、説明・具体例で膨らませよう。各スクエアには日本語のサポートを付けたが、説明・具体例は**最初から英語で**書こう（辞書使用可）。

▶ 解答例52ページ

Q1

2. Eat vegetables
野菜を食べる

3. Sleep well
睡眠を十分に取る

1. How can we maintain our health?
健康を維持するにはどうしたらいいか。

4. Exercise regularly
定期的に運動する

5.

Q2

2. Disagreements delay decisions.
意見の不一致があると意思決定が遅くなる。

3. Some people struggle with teams.
チーム作業が苦手な人もいる。

1. What are the disadvantages of teamwork?
チームで仕事をすると不利な点は何か。

4. Teamwork can allow free riders.
チームの功績にタダ乗りする人が出てくる可能性がある。

5.

STEP 5　3スクエアを説明・具体例で膨らませる

STEP 5　3スクエアを説明・具体例で膨らませる

Task 1 の答えをチェック

Task の自分の解答を、下のチェックリストで確認しよう。

チェック項目（クリアしたら✓）	Q1	Q2
1. 各スクエアに1つ以上説明を加えた		
2. 内容に重複がない		
3. すべて英語で書けた		
4. 知らない単語・表現は調べた		
5. 客観的な視点で考えた		
6. 実体験や実例を思い出そうとした		
7. これを基に英文エッセイが書けそうだ		

解答例

Task 1

Q1 2. （順不同）(vegetables) contain vitamins, minerals, and fiber / are low in calories / prevent diseases
　　3. （順不同）sleep protects your mental health / lack of sleep causes chronic fatigue / can get sick through sleep deprivation
　　4. （順不同）(exercise) strengthens muscles / raises awareness of your health / jogging keeps me healthy

解説 身近なトピックだが、あらためて説明を求められると難しいかもしれない。解答例の動詞の使い方（例：contain, protect, strengthen）に着目してほしい。動詞を上手に選べばいろいろなことがコンパクトに表現できる。

訳 2.（野菜は）ビタミン、ミネラルと植物繊維を含む、カロリーが低い、病気を予防する
3. 睡眠は心の健康を守る、睡眠不足は慢性疲労の原因となる、睡眠不足で病気になることもある
　4.（運動は）筋肉を鍛える、健康への関心を高める、ジョギングのおかげで私は健康だ

Q2 2. （順不同）discussions are time-consuming / business often requires quick decisions / disagreements can cause conflicts among members
　　3. （順不同）teamwork is not efficient with wrong members / leaders cannot always select team members / I work well on my own
　　4. （順不同）hard to evaluate each member's contribution / impossible to share responsibilities equally / I know a terrible free rider

解説 Q1に比べると、英語で表現しづらいトピックだったかもしれない。こんな時こそSTEP 2のTask 3で紹介した「キーワードを引用符で括ったGoogle検索」を活用しよう。アイディアを得るだけでなく、英語話者の発想や使える英語表現を知るいい機会になる。

訳 2. 議論に時間がかかる、ビジネスではしばしば素早い決断が必要、意見の不一致がメンバー間の対立を生む可能性がある　3. 不適切なメンバーとチームで働くのは効率的でない、リーダーがいつでもメンバーを選べるわけではない、私は1人できちんと仕事ができる　4. 個々のメンバーの貢献度を評価するのは難しい、責任を均等に振り分けるのは不可能、功績にタダ乗りするひどい人を知っている

STEP 5 3スクエアを説明・具体例で膨らませる

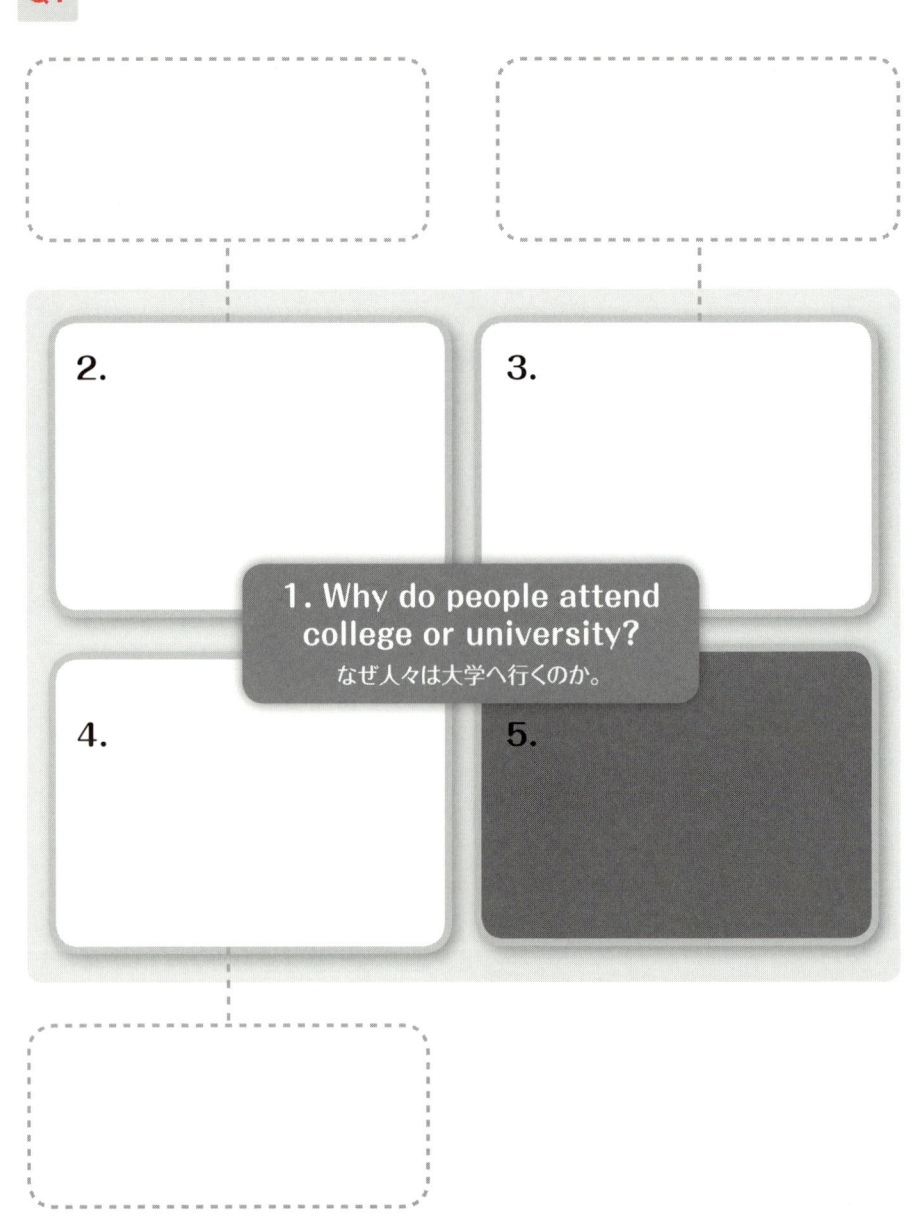

Task 2 3スクエアを理由と説明・具体例で埋めよう。1. のみ日本語のサポートを付けたが、**3つの理由とそれぞれの説明・具体例は最初から英語で書こう**（辞書使用可）。 ▶ 解答例56ページ

Q1

2.

3.

1. Why do people attend college or university?
なぜ人々は大学へ行くのか。

4.

5.

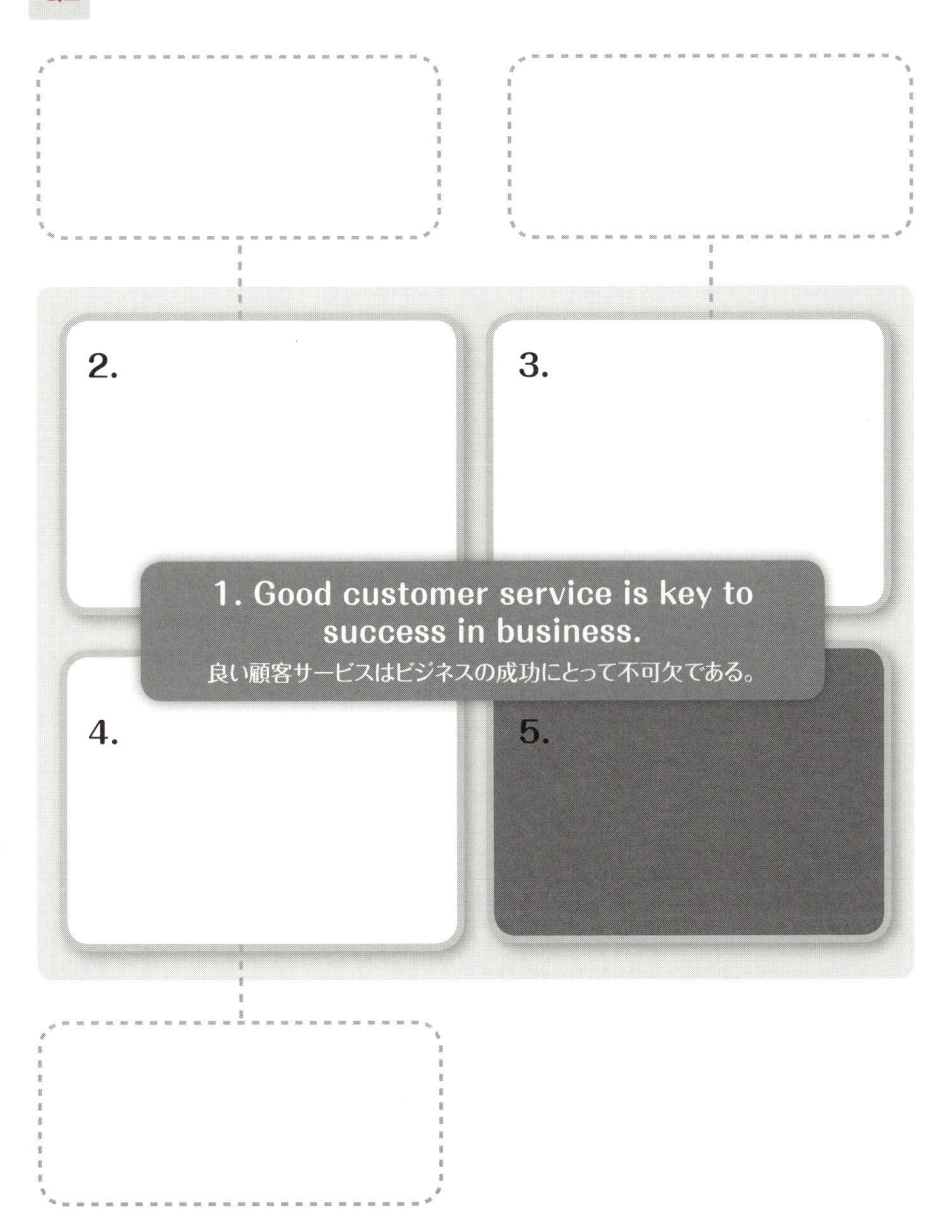

Q2

2.

3.

1. Good customer service is key to success in business.
良い顧客サービスはビジネスの成功にとって不可欠である。

4.

5.

STEP 5　3スクエアを説明・具体例で膨らませる

STEP 5　3スクエアを説明・具体例で膨らませる

Task 2の答えをチェック

Taskの自分の解答を、下のチェックリストで確認しよう。

チェック項目（クリアしたら✓）	Q1	Q2
1. 各スクエアが英文で埋まっている		
2. 各スクエアに1つ以上説明を加えた		
3. 内容に重複がない		
4. すべて英語で書けた		
5. 知らない単語・表現は調べた		
6. 実体験や実例を思い出そうとした		
7. これを基に英文エッセイが書けそうだ		

解答例

Task 2

Q1（順不同）

2. **理由** To have better job opportunities
   説明・具体例 college graduates make more money than those with only a high school diploma / many jobs require a college degree / internships can help you find a better job

3. **理由** To fulfill their potential
   説明・具体例 education broadens your perspectives / college education is an investment / studying economics was helpful for me

4. **理由** To make connections with people
   説明・具体例 (students) can make new friends and connections / get to know knowledgeable people / I have many good friends from university

解説 人が大学へ行く目的を、to不定詞を使ったフレーズで挙げ、それぞれに説明と具体例を加えた。一般論に流れがちなトピックであるがゆえに、個人の経験談で主張に説得力を与えることが大切。

訳 2. **理由** より良い就職のため **説明・具体例** 高卒者より大卒者のほうが所得が多い、大卒資格を必要とする仕事が多い、インターンシップがより良い仕事を見つける助けになる
3. **理由** 可能性を広げるため **説明・具体例** 教育は視野を広げる、大学教育は投資の一種、経済学を学んだことが非常に役立った
4. **理由** 人脈を作るため **説明・具体例** (学生は)新しい友人との人脈を作れる、博識な人々の

知己を得る、たくさんの素晴らしい大学時代の友人がいる

Q2（順不同）
2. 理由 Well-treated customers will come back.
   説明・具体例 Customers want to repeat nice experiences. /
   Not all businesses treat customers properly.
3. 理由 Satisfied customers recommend your business to others.
   説明・具体例 People like recommending good things to others. /
   People trust their friends' recommendations.
4. 理由 If you listen to your customers carefully, you'll learn their true needs.
   説明・具体例 A customer survey cannot reveal everything. /
   Complaints reveal their needs. / I always learn from my clients.

解説 Q2では良い顧客サービスの重要性をフレーズではなく文で表現した。4.で使われているif節は「もしAしたらBになる（ので○○だと思う）」という、主張の裏付けを示すのに重宝する構文だ。顧客・事業主の両方の立場から考えよう。

訳 2. 理由 厚遇を受けた顧客は戻ってくる 説明・具体例 顧客は良い経験を繰り返したがる、すべての会社が顧客に礼儀正しく接するわけではない
3. 理由 満足した顧客は、ほかの人にあなたの会社を推薦する 説明・具体例 人は良い物を人に勧めたがる、人は友人の推薦を信用する
3. 理由 顧客の声に注意深く耳を傾ければ、本当のニーズがわかる 説明・具体例 顧客アンケートですべてがわかるわけではない、クレームがニーズを明らかにする、私はいつも顧客から学んでいる

STEP 5　3スクエアを説明・具体例で膨らませる

STEP 6
文やスクエア同士をTransition wordsでつなげる

　発展トレーニングの仕上げとなるSTEP 6では、文やスクエア同士を自然につなげ、1つのまとまった英文に仕上げていく。**Transition words**（つなぎ言葉）は、読み手に対して文やパラグラフの流れを示す「信号」の役割をし、**接続詞**（because, although）・**接続副詞**（however, therefore）などがそれに相当する。

　STEP 6で主に扱うのは、1つの文やパラグラフを終えてから、次の文やパラグラフへと自然に橋渡しをする、あるいは次に言うことを読み手に予告する役割を持つ**接続副詞**だ。カンマとともに文頭に置き、1つ前の文やそれまでの論旨の流れを踏まえ、あるべき方向に読み手を誘導するTransition wordsの代表選手と言える。

　接続副詞がなくても「間違い」ではないが、文やパラグラフ同士の論理的なつながり（cohesion）を重視する英文ライティングでは、必要とされるプラス1要素だ。

STEP 6の目標
Transition wordsで内容が伝わりやすい英文に整える

文同士をつなげた例

... You can estimate how much time it will take to get to your destination by train quite accurately. **For example,** I know it takes about 45 minutes to get to my workplace by train, and it almost never takes more than 50 minutes.

解説 For example（例えば）の役割は「例示する」こと。1つ目の文で「所要時間を正確に見積もることができる電車の利点」を述べており、それを具体例で説明したのが2つ目の文だ。この流れがFor exampleを挟むことでより見えやすくなっている。

訳 電車では目的地に着くのにどのくらいの時間がかかるかを、かなり正確に見積もることができる。例えば、電車なら私の職場まで約45分で、50分以上かかることはまずない。

スクエア同士をつなげた例

2. **First,** there are no traffic jams when you travel by train.

3. **Also,** you can travel comfortably on a train.

1. The most convenient form of transportation is the train.

4. **In addition,** trains are relatively safe.

5. **To sum up,** the train is the most convenient form of transportation because there are no traffic jams, you can travel comfortably, and trains are relatively safe.

解説 順序を表すTransition wordsの使用例。The most convenient form of transportation is the train.という主張に対する3つの理由が、1つの流れを作りながら提示されているのがわかる。読み手の立場からすると、文頭のTransition wordsがそのスクエア(エッセイではパラグラフに相当)を読み始める前の「**予告編**」になる。

このほかにも **Second**(次に)、**Third**(3つ目に)，**Finally/Lastly**(最後に)、**In conclusion / In sum**(結論として)などがある。次ページの一覧表をぜひ参考にしてほしい。

訳 1.最も便利な移動手段は電車である。2.はじめに、電車での移動には渋滞がない。3.また、電車での移動は快適である。4.さらに、電車は比較的安全である。5.以上をまとめると、渋滞がなく、快適で、安全性も高いので、電車が最も便利な移動手段である。

STEP 6 文やスクエア同士をTransition wordsでつなげる

Transition words（つなぎ言葉）

○	順序を示す	はじめに first, for starters, first and foremost 次に second, next 最後に finally, lastly, last but not least
○	追加する	in addition, additionally, also, besides, moreover, furthermore, what's more, besides that, apart from〈名詞〉, not only ... but also ...
○	対比を表す	in contrast, unlike〈名詞〉, on the contrary, on the other hand, rather than ..., meanwhile, **whereas,** however※
○	例示する	for example, for instance, to illustrate, as an illustration, by way of illustration, to demonstrate, such as〈名詞〉
○	比較する	in/by comparison, likewise, similarly, compared to〈名詞〉
○	補足説明をする	that is to say, that is, in other words, this means ..., to put it another way
○	原因を示す	for this reason, thanks to〈名詞〉, owing to〈名詞〉, caused by〈名詞〉, due to〈名詞〉, **because, since, as, the reason is that ...**
○	結果を示す	consequently, as a consequence, thus, as a result, accordingly, therefore※
○	新しい論点を出す	with regard to〈名詞〉, with reference to〈名詞〉, as far as〈名詞〉is concerned
○	代替案を示す	alternatively, on the other hand, instead

強調する	above all, in particular, particularly, indeed, more importantly, definitely, absolutely, especially, notably, obviously, without a doubt, in fact
一般化する	by and large, generally, in general, on the whole, in most cases, as a rule, generally speaking, for the most part
例外を示す	still, nonetheless, nevertheless, despite〈名詞〉, however※
結論を示す・要約する	in conclusion, to conclude, in summary, to summarize, to sum up, for these reasons, as has been said

色文字は従属接続詞（メインの文とサブの文を1つの文として合体させるために、サブの文の頭につける接続詞）

※副詞のhoweverとthereforeは文中で使われることが多い

参考文献

— UC High School Kaleen Writing Handbook 2011
http://www.kaleenhs.act.edu.au/__data/assets/pdf_file/0009/167166/UCHSK_Student_Writing_Handbook.pdf

— TOEFL iBT Transitional Words.pdf - i-Courses.org
i-courses.org/docs/TOEFL%20iBT%20Transitional%20Words.pdf

— Perfect Phrases for the TOEFL Speaking and Writing Sections
Roberta G. Steinberg (McGraw-Hill Companies, Inc)

— 即戦力がつく英文ライティング　日向清人 (DHC)

STEP 6　文やスクエア同士をTransition wordsでつなげる

Task 1　下線部にTransition wordsを入れて、文と文をつなげよう。

▶ 解答例64ページ

Q1

Some people work better on their own and may struggle if they are in a team. _____, those employees will not be able to perform well in a team and will decrease the team's efficiency.

Q2

These days, many jobs require a college degree. _____, you are less likely to secure a decent job unless you go to college, study hard, and get a degree.

Q3

Generally speaking, people don't really believe what is said in advertisements. _____, they tend to trust their friends' recommendations, assuming that their friends wouldn't lie to them.

Q4

Vegetables contain a variety of vitamins and minerals that help our body function properly. _____, most vegetables are rich in fiber, which is crucial to a healthy digestive system.

STEP 6 文やスクエア同士をTransition wordsでつなげる

解答例

Task 1

Q1 Consequently, As a consequence, Thus, As a result など

解説 結果を示すTransition wordが入る。第1文に「チームではうまく仕事ができない人がいる」とあり、第2文で「そのような人は能力が発揮できず、チームの能率が下がる」としていることから、原因➡結果のつながりが読み取れる。第2文の主語those employeesは、第1文で述べられている「チーム作業には向かない人」だ。

訳 1人のほうがうまく仕事ができ、チームに入ると苦しむ人はいるだろう。結果としてこういった社員はチームでは能力が発揮できず、チームの能率を下げる。

Q2 That is to say, That is, In other words, To put it another way など

解説 補足説明をするTransition wordが入る。第1文に「多くの職で大学の学位が必要」とあり、第2文で「大学の学位がないと良い仕事に就く可能性が少なくなる」としていることから、補足説明をするつながりが読み取れる。従属接続詞unless（〜でない限りは）も積極的に使っていこう。

訳 最近、多くの職で大学の学位が必要となっている。つまり、大学に行って勤勉に学び、学位を取らない限り、きちんとした仕事を得にくくなっているのだ。

Q3 In contrast, On the contrary, On the other hand, Meanwhile など

解説 対比を表すTransition wordが入る。第1文に「人は広告の内容を信じない」とあり、第2文で「友人の勧めは信じやすい」としていることから、対比を表すつながりが読み取れる。第1文の文頭にあるGenerally speakingは一般化するTransition wordsのひとつ。

訳 一般的に言って、人々は広告で謳（うた）われていることをそのまま信じはしない。対照的に、友人は嘘をついたりしないという思い込みから、友人の勧めは信じる傾向にある。

Q4 In addition, Besides, Moreover, Furthermore, What's more など

解説 追加するTransition wordが入る。第1文に「野菜にはビタミンやミネラルが豊富」とあり、第2文で「ほとんどの野菜に食物繊維が豊富に含まれる」としていることから、追加するつながりが読み取れる。be rich in ...（〜が豊富だ）, be crucial to ...（〜に不可欠な）といった表現は、形容詞＋前置詞の組み合わせで覚えておこう。

訳 野菜はさまざまなビタミンやミネラルを含み、身体を正常に機能させる助けとなる。さらに、ほとんどの野菜には食物繊維が豊富に含まれているが、これは健康な消化器官に不可欠なものである。

Chapter 2

Task 2 今度は4スクエアの下線部に、Transition wordsを入れてみよう。

▶ 解答例66ページ

Q1

2. _____ they are loyal and friendly.

3. _____ they can do many activities with their owners.

1. Dogs are the best pets.

4. _____ they help disabled people.

5. _____ dogs are the best pets because they are loyal and friendly, they can do many activities with their owners, and they help disabled people.

Q2

2. _____ you can schedule your break time into your daily work schedule.

3. _____ you can set a timer for each of your tasks.

1. How can we improve productivity in the workplace?

4. _____ you can plan your day ahead before opening any e-mails.

5. _____ you can schedule your break time into your daily work schedule, set a timer for each of your tasks, and plan your day ahead before opening any e-mails.

STEP 6 文やスクエア同士をTransition wordsでつなげる

STEP 6 文やスクエア同士をTransition wordsでつなげる

解答例

Task 2

Q1 2. First, For starters, First and foremost, *The first reason is thatなど
3. Second, Next, Also, *The second/Another reason is thatなど
4. Finally, Lastly, In addition, Last but not least, *The final/last/third reason is thatなど
5. In conclusion, To conclude, In summary, To summarize, To sum up, For these reasons, など
* The XXX reason is thatの後にはカンマなしで、主語と述語動詞を続ける

解説 文同士に比べ、スクエア同士のつなげ方はシンプルだ。Q1では、「はじめに → 次に・また → 最後に・加えて・さらに → 結論」として、主張をサポートする3つの理由と、それらをまとめる結論までの流れを見せるTransition wordsを選ぼう。単調さを避けるため、First, を使ったら、次のパラグラフはThe second reason is thatで始めるといった気配りがあってもいい。

訳 1. 犬は最良のペットである。2. はじめに、彼らは忠実で友好的だ。3. また、飼い主とさまざまな活動ができる。4. さらに、身障者を補助する。5. 以上をまとめると、犬は、忠実で友好的で、さまざまな行動を飼い主と共にでき、障害者を補助するので、最良のペットである。

Q2 2. First, For starters, First and foremost, など
3. Second, Next, Also, など
4. Finally, Lastly, In addition, Last but not least, など
5. In conclusion, To conclude, In summary, To summarize, To sum up, など

解説 Q2では、自分で挙げる3つの「項目」の流れを見せるためにTransition wordsを使う。「理由」をつなげたり、まとめたりするTransition words（The ... reason is that ... For these reasonsなど）は適さない。最も重要だと思う項目は、First and foremost,（何よりもまず）を使って強調してもいいだろう。

訳 1. 職場の業務効率を上げるには？ 2. まず、毎日の仕事のスケジュールの中に休憩時間を組み込む。3. 次に、各業務に時間制限を設ける。4. 最後に、メールを開く前に1日の計画を立てておく。5. 以上をまとめると、毎日の仕事のスケジュールの中に休憩時間を組み込み、各業務に時間制限を設け、メールを開く前に1日の計画を立てることができるだろう。

Chapter 3
実践トレーニング

　実践トレーニングでは、これまで書いてきた文章を1つのエッセイにまとめ、校正する段階に入る。校正では、文法的に正しい1文かどうかというミクロの視点だけでなく、読み手はどんな人か、読み手にとってわかりやすい説明になっているか、文同士のつながりは自然か、論理の飛躍はないかなど、マクロの視点も併せ持って、自分の作品を見直してほしい。

　なお STEP 7 以降は、手書きではなく「タイピング入力」することをお勧めする。削除やコピー&ペーストができるという操作性だけでなく、スペルチェックや類義語検索が簡単にできる機能性も書き手にはありがたい。一定のスピードで入力し続けられるよう、日頃から英文タイピングに慣れておこう。

STEP 7
3スクエアをBodyにまとめる

STEP 8
IntroductionとConclusionを書く

STEP 9
Intro-Body-Conclusionの5パラグラフを校正する

実践

エッセイ完成！

STEP 7
3スクエアをBodyにまとめる

　STEP 7では、STEP 5で膨らませ、STEP 6でつながりを持たせた3つのスクエアを、3つのパラグラフに整え、エッセイの**Body**(本論)にあたる部分を完成させる。

　まず、どのスクエアをどの順番で使えば**メインアイディアがより効果的に伝わる**かを検討しよう。各パラグラフの冒頭には、**Topic sentence**(パラグラフの主題文)として、各スクエアに記入した短文を置く。その後、**Supporting details**(詳細説明)として、STEP 6でスクエアの傍に箇条書きにした説明・具体例を続ける。最後は**Concluding sentence**(パラグラフの結論文)で、そのパラグラフで伝えたかったことをまとめ、再提示する(右ページ参照)。

　下の、交通手段に関する4スクエアの項目と説明・具体例(49ページと同じもの)を参照して、このテーマのエッセイのBodyをどのように書くか、考えてみよう。

- no traffic jams, no stress
- can estimate the travel time
- a terrible traffic jam last summer

- can relax
- can enjoy the scenery
- the seats are comfortable

2. First, there are no traffic jams when you travel by train.

3. Also, you can travel comfortably on a train.

1. The most convenient form of transportation is the train.

4. In addition, trains are relatively safe.

5. To sum up, the train is the most convenient form of transportation because there are no traffic jams, you can travel comfortably, and trains are relatively safe.

- less security concerns than airplanes
- less subject to bad weather
- not many train accidents

パラグラフの分量はSupporting detailsをどれだけ書くかで調節できるが、1つのBodyだけが長く（あるいは短く）ならないよう、全体のバランスも同時に見ていこう。書き手の個性を感じさせることができるのがSupporting detailsだ。**常にaudience（読み手）の存在を意識して**書き進めてほしい。

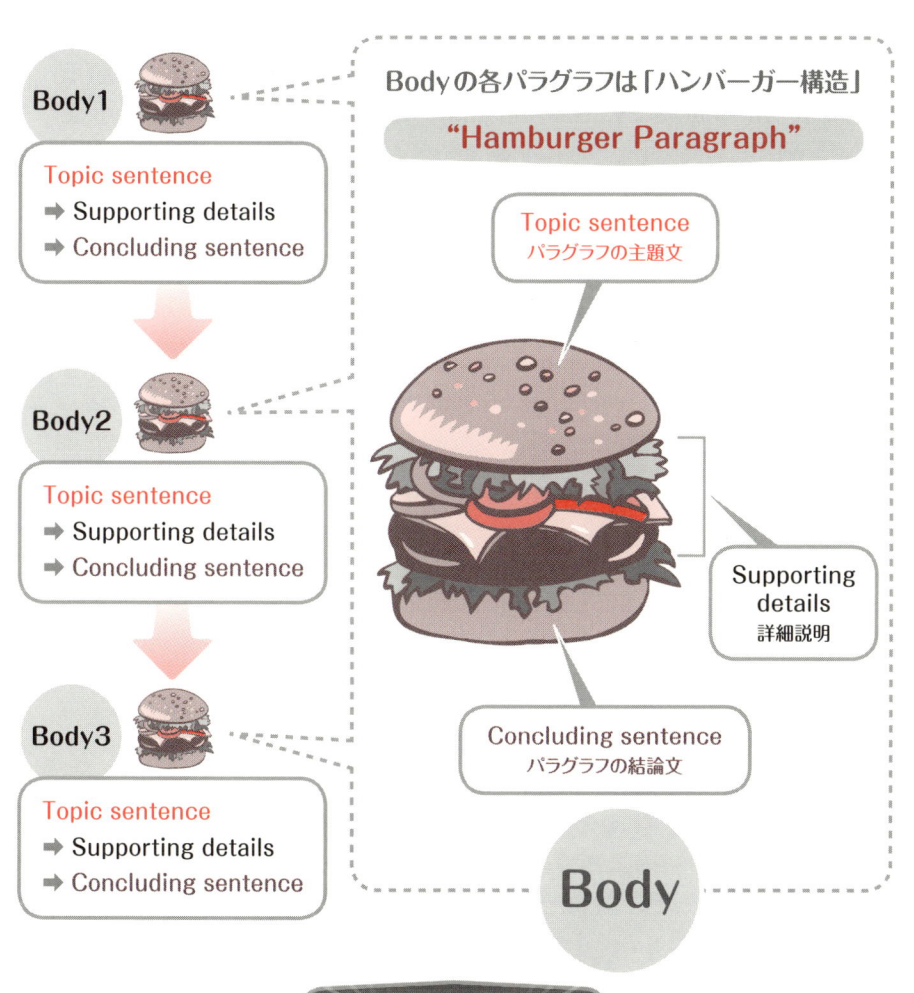

Bodyの各パラグラフは「ハンバーガー構造」

"Hamburger Paragraph"

Body1
- Topic sentence
  → Supporting details
  → Concluding sentence

Body2
- Topic sentence
  → Supporting details
  → Concluding sentence

Body3
- Topic sentence
  → Supporting details
  → Concluding sentence

- Topic sentence　パラグラフの主題文
- Supporting details　詳細説明
- Concluding sentence　パラグラフの結論文

Body

STEP 7 3スクエアをBodyにまとめる

STEP 7の目標

Bodyを先に完成させ、エッセイの全体像をつかむ

STEP 7　3スクエアをBodyにまとめる

Bodyのサンプル

太字は **Topic sentence**、赤字は Concluding sentence、□は Transition words （つなぎ言葉）、■は定型表現、それ以外は Supporting details となる。

First, there are no traffic jams on the railroad. This means a lot to those who lead busy lives with numerous commitments. For example, you won't suffer from the mental stress of being stuck in heavy traffic if you choose to take a train. I got caught in a terrible traffic jam last summer, and it totally ruined the first day of my vacation. On the contrary, trains allow you to be fairly certain when you will arrive at your destination. Timetables help you plan your travel and save you the risk of being late for important appointments. Generally, trains do not delay nor exhaust you as automobiles might do.

Also, you can usually travel quite comfortably on a train. You can sit back, relax, and enjoy the scenery through the window. It may be true that an airplane also lets you do this, but the level of comfort is no comparison to that offered by a train. Train seats are wider and softer. The view from a train window changes quickly, so doesn't become boring. I read a novel during my morning commute on the train, and it helps me relax and prepare for the day ahead. Trains can offer you a more pleasant trip than any other means of transportation.

In addition, there are fewer safety and security concerns for train travel. If you consider the elaborate security checks required at an airport or the huge number of fatal car accidents, you will get the picture. Another point in favor of train travel is that trains are less susceptible to bad weather. On a stormy day, trains are the most reliable. Airplanes and ferries are subject to inclement weather, and driving a car can be dangerous on slippery roads. In terms of security concerns and vulnerability to bad weather, trains excel.

Chapter 3

解説 完成した4スクエアをBodyにまとめる際に最初に行う作業は、「どのスクエアをどの順番で使えばメインアイディアが最も効果的に伝わるか」を検討することだ。このサンプルでは、電車の交通機関としての利点のうち、読み手の共感を最も得やすいと思われる「渋滞のなさ」を最初に、人によって意見が分かれそうな「快適性」を次に、3つの中では意外性がありそうな「安全性」を最後に配置した。

スクエアの配置順が決まったら、**各スクエアの短文をTopic sentence（パラグラフの主題文）に書き換え、パラグラフの冒頭に配置する。主題文の前にふさわしいTransition words（つなぎ言葉）を挿入する**ことも忘れずに。**Topic sentenceを下敷きにしたConcluding sentence（パラグラフの結論文）を先に書き**、その間をSupporting details（詳細説明）で埋めてもいい。Concluding sentenceの書き忘れが防げるだけでなく、Topic sentenceとConcluding sentenceで主張が矛盾することも避けられる。

Supporting detailsでは一般論に流れるのではなく、具体例や経験談でパラグラフの主題を、自分の意見として証明していく。**数字・年号・時の表現・地名・人名・固有名詞を使うことを恐れず**、読み手が内容を視覚化（visualization）できるような説明や描写を心掛けよう。サンプルでは、自分が体験した交通渋滞や通勤時間の過ごし方などに言及し、主張にリアリティを持たせている。

テクニカル面では、**①主語の選び方を工夫する、②定型表現を使用し構文に多様性をもたせる、③同じ単語を使うときは言い換えられないか検討する**、といったことがポイントとなる。とはいえ、細かい修正は最後の校正段階でもできるので、下書きの段階では大胆に書き進める勢いも大切にしたい。

STEP 7　3スクエアをBodyにまとめる

サンプルで使われた定型表現

- **This means a lot to 〈名詞句〉.**（これは〈名詞句〉にとって大きな意味がある）
- **It may be true that 〈主語＋述語動詞〉, but ....**
（〈主語＋述語動詞〉は真実かもしれないが、[以下続く]）
- **〈名詞句A〉 is no comparison to 〈名詞句B〉.**（AはBとは比較にならない）
- **If you consider 〈名詞句〉, you will get the picture.**
（〈名詞句〉を考えれば、どういうことかわかるだろう）
- **Another point in favor of 〈名詞句〉 is that 〈主語＋述語動詞〉.**
（〈名詞句〉が有利なもう1つの点は、〈主語＋述語動詞〉である）
- **In terms of 〈名詞句〉,**（〈名詞句〉の点では、）

STEP 7　3スクエアをBodyにまとめる

訳 第一に、電車には交通渋滞がない。このことは、数々の約束を抱えた多忙な生活を送っている人たちにとって、大きな意味がある。例えば、電車を利用することにすれば、交通渋滞に巻き込まれる精神的ストレスを受けることはない。私は去年の夏、ひどい交通渋滞につかまってしまい、おかげで休暇の初日がすっかり台無しになった。それに対して電車は、目的地に到着する時間がかなり確実に見込める。旅の計画を立てたり大切な約束に遅れるリスクを回避したりするのに、時刻表が役立つ。一般的に、電車は自動車で起こり得るほど遅れることも、疲弊させられることもない。

　また、電車では通常、かなり快適な旅ができる。深々と座ってくつろぎ、窓の向こうの景色を楽しむことができる。飛行機でも確かにこれはできるかもしれないが、電車で得られるものとは快適さが比較にならない。電車の座席のほうが広くてソフトだ。電車の窓の景色は目まぐるしく変化するから、飽きることがない。私は朝の電車通勤時に小説を読むが、おかげでリラックスしてこれから始まる1日に備えることができる。電車は、ほかのどの交通手段よりも心地よい移動を提供してくれる。

　さらに、電車での移動は安全性やセキュリティーの心配も少ない。空港で課せられる念入りなセキュリティーチェックや、自動車死亡事故の膨大な件数を考えれば、どういうことかわかるだろう。電車での移動が有利なもう1つの点は、電車が悪天候の影響を受けにくいことだ。荒天の日には電車が最も頼りになる。飛行機やフェリーは悪天候の影響を受けるし、滑りやすい路面での自動車運転は危険を伴う。安全上の心配や悪天候への脆弱さという点で、電車は優れている。

Chapter 3

Task 1 完成している3スクエアを見て、エッセイの**Body**を書き起こそう（辞書使用可）。その際、タイピングで入力するのが望ましい。

▶ 解答例74ページ

- Who else can do funding?
- Preservation requires money
- Funding serves national interest

- Historical wooden buildings are vulnerable
- Artists & craftsmen need successors

2. Government is responsible for maintaining the nation's cultural uniqueness.

3. Once lost, traditional cultures cannot be reproduced.

1. Government should fund traditional cultures to protect them.

4. Traditional cultures give a nation its identity.

5.

- People can take pride in traditional cultures
- I love kabuki performance
- Arts are an important part of our lives

STEP 7 3スクエアをBodyにまとめる

STEP 7 3スクエアをBodyにまとめる

Task 1の答えをチェック

Taskの自分の解答を、下のチェックリストで確認しよう。

チェック項目（クリアしたら✓）	
1. パラグラフを3つ書けた	
2. 各パラグラフにTopic sentenceとConcluding sentenceがある	
3. Topic sentenceの主張と、Concluding sentenceの再主張は矛盾していない	
4. 適切なTransition wordsが使われている	
5. 各パラグラフにSupporting detailsがある	
6. 各パラグラフのSupporting detailsには説得力がある	
7. 筆者の主張は明快である	

解答例

太字はTopic sentence、赤字はConcluding sentence、□はTransition words（つなぎ言葉）、▓は定型表現、それ以外はSupporting detailsとなる。

[First and foremost,] **the government should be responsible for maintaining a nation's cultural uniqueness.** It's the government's job to protect assets that are owned by the people. Preserving traditional cultures costs quite a lot of money. Only the government can afford to be the primary sponsor for such a nationwide project. My country, Japan, is known for its distinctive traditional arts and cultures, such as *ukiyo-e*, sumo, and the tea ceremony. This cultural uniqueness significantly contributes to garnering respect from other nations. Establishing a unique presence in the global community serves the national interest both politically and economically. ▓That is why I think▓ the government should take responsibility to support traditional cultures unique to their nation.

Second, traditional cultures cannot be reproduced once they are lost. In my country, there are many wooden buildings that have historical value. It's technically possible to restore structures in poor condition, but they will lose their original value after restoration. Also, the skills and techniques of artists and craftsmen can be lost forever if they don't have successors. These intangible assets will die out unless someone learns the necessary skills and passes them on to the next generation. The government should budget to preserve both tangible and intangible assets alike.

Last but not least, traditional cultures embody the national identity in which people can take pride. I love watching kabuki, a classical Japanese dance and drama that originated about 400 years ago. Whenever I see a wonderful kabuki performance, I feel proud to be Japanese. The government should play a significant role in preserving cultures that facilitate people's love of their country. Art and culture are important parts of our lives. I don't think it's too much if we request that the government financially support a source of pride in our homeland.

解説 解答例では3つのスクエアを、伝統文化の「維持コストの高さ」、「希少性」、「自国民にとっての精神的価値」の順に並べたが、自分が最も書きやすい順番を見つけてほしい。こうした「〜すべき」という論調のトピックの場合、一般論や道徳論に流れやすいが、具体例を列挙したり（＝浮世絵、相撲、茶道）、自分の経験（＝歌舞伎の話）を盛り込んだりしながら、主張に説得力を与えることが大切になる。

　1つ目のパラグラフで日本文化の独自性が論じられているが、**読み手は日本について詳しいとは限らないことを念頭に置いて、書き進める必要がある**。自国の話をする時も、My country is known for ... ではなく、My country, Japan, is known for ... と「日本（の伝統文化）」について論じていることを、はっきり打ち出す必要がある。

　2つ目のパラグラフでは、「建造物」と「技能・技術」という対照的な事例を挙げている。**Ifやunlessを使って状況を設定し、「〜したら…してしまう」・「〜しなければ…となる」と、好ましくない結果を想起させる**ことも、主張をサポートする手法の1つだ。

　3つ目のパラグラフには、I（私）を主語にした文が登場する（＝I love watching kabuki以下）。Bodyとして書かれたほとんどの文が人間以外のものを主語にしているので、この一文には読み手に親近感やリアリティを与える効果が期待できる。**客観と主観をバランスよく使い分けよう**。

　全パラグラフに共通するが、**Topic sentenceでの主張とConcluding sentence**

STEP 7　3スクエアをBodyにまとめる

での再主張の手法に着目してほしい。例えば、第1パラグラフではFirst and foremost, the government should be responsible for maintaining a nation's cultural uniqueness. → That is why I think the government should take responsibility to support traditional cultures unique to their nation. と言い換えられている。フレーズ単位の言い換え（例：be responsible for -ing ⇔ take responsibility to do）は自由自在にできるようにしておきたい。まずは解答例を観察することから始めよう。

解答例で使われた定型表現

- **That is why I think 〈主語＋述語動詞〉.**
  （そういった理由で〈主語＋述語動詞〉だと私は思う）
- **It's technically possible to 〈動詞句〉, but ...**
  （〈動詞句〉は技術的には可能だが、[以下続く]）
- **Whenever 〈主語＋述語動詞1〉, 〈主語＋述語動詞2〉.**
  （〈主語＋述語動詞1〉とすると、必ず〈主語＋述語動詞2〉となる）
- **I don't think it's too much if 〈主語＋述語動詞〉.**
  （〈主語＋述語動詞〉としても、し過ぎではないだろう）

訳　何よりもまず、政府は一国の文化の独自性を維持する責任を負うべきである。国民の所有する資産を守るのは政府の仕事だ。伝統文化の保存には多額の費用がかかる。そうした全国規模のプロジェクトの主要スポンサーとなる財力があるのは政府だけだ。私の国、日本は、浮世絵や相撲、茶道といった、特色ある伝統芸術・文化で知られている。こうした文化の独自性は、他国からの敬意の獲得に大いに寄与している。国際社会において独自の存在感を確立することは、政治・経済両面で国益にかなう。そういった理由で、政府がその国独自の伝統文化を支援する責任を負うべきだと私は思う。

第二に、伝統文化は一度失われたら再生できない。私の国には、歴史的価値のある木造建造物がたくさんある。状態の悪い建造物を建て直すことは技術的には可能だが、それでは再建後に元の価値が失われてしまうだろう。また、後継者がいなければ、芸術家や職人の技能・技術が永遠に失われてしまうかもしれない。こうした無形資産は、誰かが必要な技術を学んで次の世代に伝えなければ途絶えてしまう。政府は、有形・無形双方の資産を同様に保存するための予算を用意すべきである。

最後に大切なこととして、伝統文化は、国民が誇りを持つことのできる、国のアイデンティティーの体現である。私は歌舞伎見物が大好きだが、これは約400年前に生まれた古典的な日本の舞踊劇だ。素晴らしい歌舞伎の上演を目にするたびに、私は日本人であることに誇りを感じる。自国に対する国民の愛情が増すような文化の保護に、政府は大きな役割を果たすべきだ。芸術や文化は私たちの生活の重要な一部だ。母国の誇りの源に政府が財政支援するよう私たちが求めたとしても、求め過ぎだとは思わない。

Task 2 今度は自分で3スクエアを埋め、そこから**Body**を書き起こそう（辞書使用可）。タイピングで入力するのが望ましい。

▶ 解答例78ページ

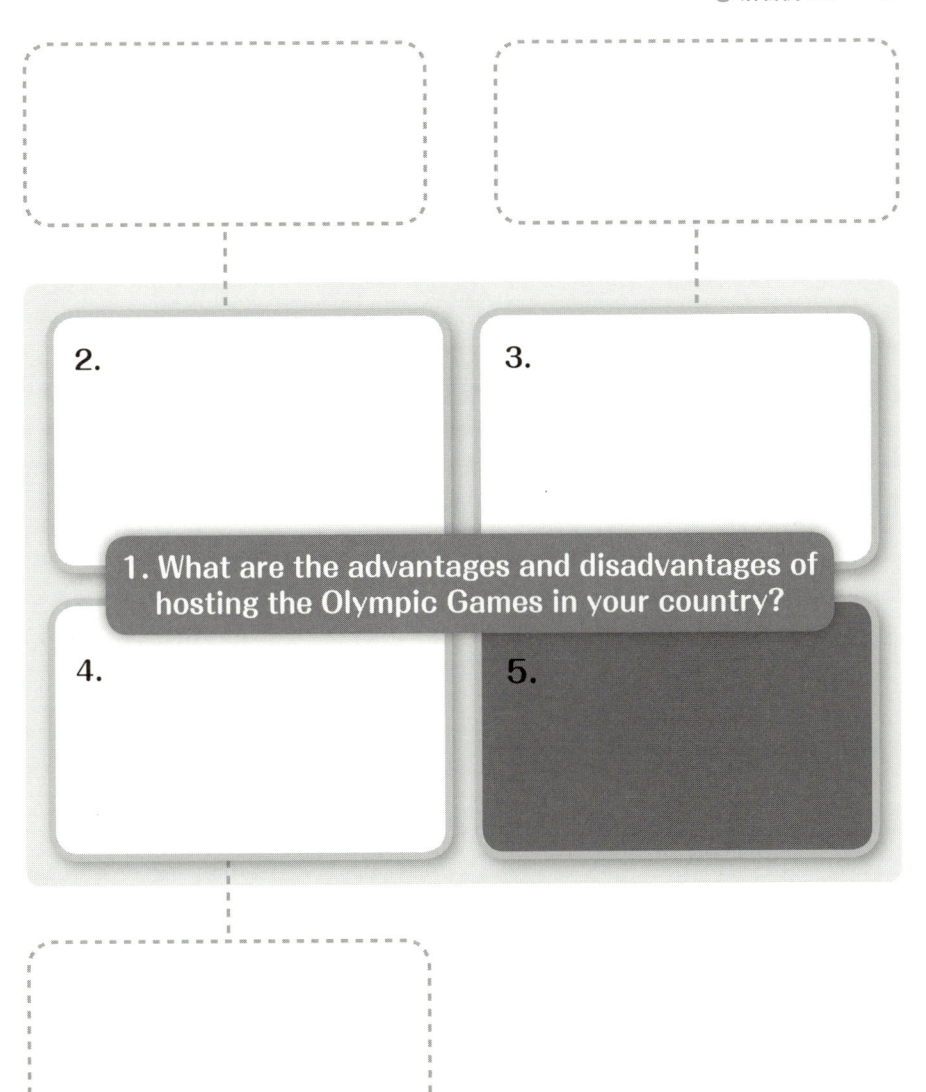

2.

3.

1. What are the advantages and disadvantages of hosting the Olympic Games in your country?

4.

5.

STEP 7 3スクエアをBodyにまとめる

解答例

- the host country is on air all the time
- foreign journalists report the host country too
- the Barcelona Olympics in 1992

- a home Olympics inspires the local people
- people will get involved in a sport
- the 1964 Tokyo Olympics

2. [Advantage 1] Hosting the Olympic Games promotes tourism.

3. [Advantage 2] Hosting the Olympic Games can improve the health of the people in the host country.

1. What are the advantages and disadvantages of hosting the Olympic Games in your country?

4. [Disadvantage] The cost of hosting the Olympic Games can be high.

5.

- huge debts can remain
- construction and maintenance are costly
- a financial disaster is possible

Chapter 3

Task 2の答えをチェック

Taskの自分の解答を、下のチェックリストで確認しよう。

チェック項目（クリアしたら✓）	
1. すべてのスクエアが短文（英語）で埋まっている	
2. スクエアの内容に重複がない	
3. すべての短文に主語と動詞がある	
4. 各スクエアに詳細説明（英語）を加えた	
5. パラグラフを3つ書けた	
6. 各パラグラフにTopic sentenceとConcluding sentenceがある	
7. Topic sentenceの主張と、Concluding sentenceの再主張は矛盾していない	
8. 適切なTransition wordsが使われている	
9. 各パラグラフにSupporting detailsがある	
10. 各パラグラフのSupporting detailsには説得力がある	
11. 筆者の主張は明快である	

解答例

太字はTopic sentence、赤字はConcluding sentence、☐はTransition words（つなぎ言葉）、☐は定型表現、それ以外はSupporting detailsとなる。

To begin with, **one advantage of hosting the Olympic Games is that it can bring in a lot of tourism.** The Olympic Games gives the host country massive TV exposure for the duration of the event. Journalists from around the world report not only on the competing athletes but also on the host country, which makes tourists want to visit the place. For instance, the profile of Barcelona in Spain increased enormously thanks to the Olympics in 1992 and tourism has flourished since then. Hosting the Olympic Games can be a good promotion of the host city to potential tourists around the globe.

STEP 7　3スクエアをBodyにまとめる

STEP 7　3スクエアをBodyにまとめる

Moreover, hosting the Olympic Games also has the advantage of potentially improving the physical well-being of the people in the host country. A home Olympics can inspire the local people, who have the privilege of experiencing the events up close, to be more active and get involved in a sport. In fact, one survey conducted after the 1964 Tokyo Olympics revealed a sharp increase in the number of people playing sport. Thus, hosting the event has the power to change the lives of the people.

However, there are some disadvantages as well. The main drawback is that the cost of hosting this sporting event can be quite high. Host countries can even be left with huge debts. Since it costs a great deal of money to construct and maintain the venues for the games, many of these facilities are scarcely ever used afterward, making it difficult for the country to pay off the cost of building them. Hosting the event can be a financial disaster for this reason.

解説　オリンピックを主催する利点と欠点の両方を論じるトピック。**賛成か反対かの意見表明は求められていないので注意しよう。**スクエアは3つなので、利点2つ／欠点1つ、利点1つ／欠点2つの2パターンが考えられる。オリンピックを「スポーツの祭典」と「経済活動」の両面から捉えると、発想しやすいだろう。

　Bodyの解答例では、利点2つ→欠点1つの順に配置されているが、欠点1つ→利点2つの順でも構わない。**利点から欠点、欠点から利点に切り替わるときは、However のような Transition words が入ると読み手に親切**だ。

　1つ目・2つ目のパラグラフでは、Topic sentence に続いて追加説明があり、その後 For instance, や In fact, といった Transition words を挟んで具体例が続いている。「主題文 → 追加説明 → 具体例 → まとめの文」の様式が踏襲されていることに注目してほしい。

　3つ目のパラグラフを締めくくる Concluding sentence は、Hosting the event can be a financial disaster for this reason. となっており、a financial disaster（財政的惨事）という**インパクトの強いフレーズを使うことで、読み手の注意を引いている**。for this reason（これが理由で）を文頭ではなく文末にもってきている点も、良いアクセントになっている。

解答例で使われた定型表現

- **one advantage of 〈名詞句〉is that 〈主語＋述語動詞〉.**
  (〈名詞句〉の1つの利点は〈主語＋述語動詞〉である)
- **thanks to 〈名詞句〉**(〈名詞句〉のおかげで)
- **〈名詞句A〉also has the advantage of 〈名詞句B〉.**
  (AにはまたBという利点がある)
- **There are some disadvantages as well.** (欠点もまた幾つかある)
- **The main drawback is that 〈主語＋述語動詞〉.**
  (主な欠点は〈主語＋述語動詞〉である)

訳 まず初めに、オリンピックを主催する1つのメリットは、大勢の観光客を呼び込めることだ。オリンピックはその開催期間中、開催国を大々的にテレビに映し出す。世界中から来た報道陣が、競い合う選手ばかりでなく、開催国についても伝え、それによって観光客はそこを訪れたい気持ちになる。例えば、スペインのバルセロナの知名度は1992年のオリンピックのおかげで格段に上がり、それ以降、観光が盛んになった。オリンピック開催は、世界中の潜在的観光客に主催都市を宣伝する良い機会となり得るのである。

さらに、オリンピックを開催すると、主催国の国民の身体面の健康を向上させ得るというメリットもある。自国でのオリンピック開催は、このイベントを身近で体験する特典を得た地元の人々に、もっと活動的になってスポーツに参加しようという意欲を持たせることがある。実際、1964年の東京オリンピック後に実施されたある調査で、スポーツをする人の数が急増したという結果が出た。このように、このイベントの招致には、人々の生活を変える力がある。

しかしながら、デメリットも幾つかある。主な難点は、このスポーツイベント開催にかかる費用がかなり高額だということだ。主催国に巨額の負債が残されることもあり得る。競技会場の建設と維持に多額の費用がかかるため、こうした施設の多くはその後ほとんど活用されず、国が建設費用を回収することが難しくなるのだ。このイベントの招致が財政的惨事となる恐れがあるのも、こういった理由からだ。

STEP 8
IntroductionとConclusionを書く

　STEP 8では、STEP 7で完成させたBodyの前後に**Introduction**（序論）と**Conclusion**（結論）を足し、エッセイを完成させる。まずIntroductionで**Topic**（テーマ）を明示し、それに対する筆者の考えを**Thesis statement**（主題文）として提示する。Conclusionでは、**各パラグラフのTopic sentenceを要約しながら**Thesis statementを再提示し、結論づける。同じ主張を2回するのでくどいように感じるかもしれないが、「**主張→詳細説明→（再）主張**」のサンドイッチ方式が英文の流儀だ。

　STEP 7でパラグラフをハンバーガーに例えたが（Topic sentence → Supporting details → Concluding sentence）、エッセイ全体が1つの大きなハンバーガー構造（Introduction → Body → Conclusion）になっているとも言える（右ページ参照）。ちなみに、エッセイライティングのほかには、**英語のプレゼンテーションでも同様の構成が求められる。**

　下の、交通手段に関する4スクエアの項目（49ページと同じもの）を参照して、このテーマのエッセイのIntroductionとConclusionをどのように書くか、考えてみよう。

- no traffic jams, no stress
- can estimate the travel time
- a terrible traffic jam last summer

- can relax
- can enjoy the scenery
- the seats are comfortable

2. First, there are no traffic jams when you travel by train.

3. Also, you can travel comfortably on a train.

1. The most convenient form of transportation is the train.

4. In addition, trains are relatively safe.

5. To sum up, the train is the most convenient form of transportation because there are no traffic jams, you can travel comfortably, and trains are relatively safe.

- less security concerns than airplanes
- less subject to bad weather
- not many train accidents

Chapter 3

Introduction
- Topic
- Thesis statement

Body
- Body 1
- Body 2
- Body 3

Conclusion
- Summary of Body
- Thesis statement

エッセイ全体も「ハンバーガー構造」

- Introduction 序論
- Body 本論
- Conclusion 結論

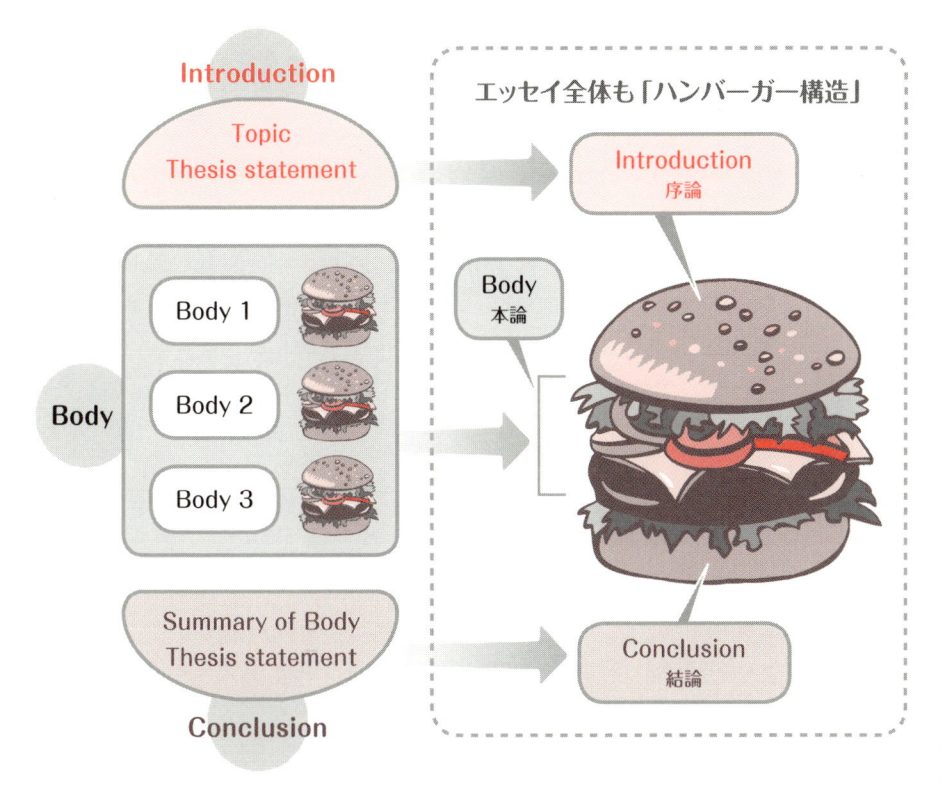

STEP 8の目標

Introduction（序論）とConclusion（結論）を同時に書き、首尾の一貫したエッセイに仕上げる

STEP 8 IntroductionとConclusionを書く

83

STEP 8　IntroductionとConclusionを書く

IntroductionとConclusionのサンプルを見てみよう。**赤太字**はThesis statement（主題文）、下線部がSummary of Body（Bodyの要約）となる。

Introductionのサンプル

With the development of civilization and industrialization, people's mobility has been greatly improved. **Among all forms of transportation available today, trains are definitely the most convenient.** <u>Trains promise you congestion-free trips with maximized comfort and safety.</u>

Conclusionのサンプル

To sum up, trains are the most convenient transportation <u>because they don't get stuck in traffic jams, provide more comfortable journeys, and ensure a higher degree of passenger safety.</u> Trains may not be the most advanced form of transport, yet there are valid reasons for people to prefer this conventional transportation system, even in this day and age.

解説　本書のサンプルエッセイのトピックは「交通手段」だが、それをIntroductionの第1文で紹介し、第2文で「最も便利な交通手段は電車である」というThesis statementを打ち出している。続く第3文で、これから論じる3つの理由を要約し、Bodyへの橋渡しをしている。**エッセイの読み手はIntroductionを読むだけで、筆者の言いたいことがおおよそわかる仕組み**だ。

　ConclusionではIntroductionで打ち出したことを再提示し、**読み手に内容を思い出させる構成**を取っている。第1文でThesis statementと3つの理由がコンパクトにまとめられ、第2文で「電車は最先端の交通手段ではないが、いまだに最も便利である」とエッセイ全体を締めくくっている。Conclusionの最後の1文は、印象に残る表現を心掛けたい。

　エッセイを書くときに最も悩ましいのは、「Introductionの書き出しをどうしたらいいか」ということかもしれない。**トピックに関する現状を説明する、トピックに関する人々の一般的な解釈や評価を紹介する**、などの手法が挙げられる。上のサンプルでは「文明と

産業の発展に伴って、人々の移動能力も大きく向上してきた」と、現状を大局的に説明し、Thesis statementへの流れを作っている。

訳 **Introduction** 文明と産業の発展に伴って、人々の移動能力も大きく向上してきた。現在利用できるあらゆる交通手段の中でも、電車が間違いなく最も便利だ。電車は、最大限の快適性と安全性を兼ね備えた、渋滞のない移動を約束してくれる。

Conclusion 結論としては、交通渋滞に巻き込まれないこと、より快適な旅を提供すること、乗客の安全をより高度に保証することから、電車が最も便利な交通手段である。電車は最先端の交通手段ではないかもしれないが、それでも、この現代においてなお、この便利な交通機関を人々が好む正当な理由が存在するのだ。

STEP 8　IntroductionとConclusionを書く

Task 1　次のIntroductionをベースにして、Conclusionを書いてみよう。

▶ 解答例88ページ

Q1　STEP 5, Task 1, Q2 "What are the disadvantages of teamwork?" より
（51ページ参照）

Introduction

In any work environment, teamwork is most effective with good team players who put aside their personal goals and work well with others to strive for a common goal. In reality, teamwork doesn't always work that way because it can have certain disadvantages. For instance, disagreements among team members can delay decisions. Also, there are people who work better on their own and struggle to work in a team. In addition, teamwork can allow free riders.

Conclusion（できればパソコンにタイピングで入力しよう）

Q2 STEP 7, Task 1, "Government should fund traditional cultures to protect them." より (73〜75ページ参照)

Introduction

Nobody would disagree that traditional cultures are worth preserving. The problem is, who should take responsibility for implementing preservation projects that require a huge budget? I think that government should fund traditional cultures to protect them. Government should be responsible for maintaining the nation's cultural uniqueness, preserving irreplaceable traditional cultures, and providing the people with an identity in which they can take pride.

Conclusion（できればパソコンにタイピングで入力しよう）

STEP 8　IntroductionとConclusionを書く

解答例

Task 1

Q1 赤太字はThesis statement、下線部はSummary of Body

Introduction（再掲）
In any work environment, teamwork is most effective with good team players who put aside their personal goals and work well with others to strive for a common goal. In reality, teamwork doesn't always work that way because it can have certain disadvantages. <u>For instance, disagreements among team members can delay decisions. Also, there are people who work better on their own and struggle to work in a team. In addition, teamwork can allow free riders.</u>

Conclusion

> **To sum up, teamwork can result in conflicts and delayed decisions, demotivate employees who cannot perform well as part of a team, and allow free riders who make little positive contribution.** These disadvantages show that teamwork is not always the best working method.

解説　Conclusionに必要な要素は、**Thesis statementの再提示とBodyの要約**だ。冒頭に「結論として」を意味するTransition wordを置き（例：To sum up）、Thesis statementの再提示とBodyの要約を続け、締めの文でエッセイ全体を結論づける。

　Thesis statementの再提示には「**パラフレーズ（言い換え）の技術**」が必要だが、①**動詞のアレンジ**（例：can delay からcan result in）、②**主語のアレンジ**（例：disagreementsからteamworkへ）、③**節⇔句の変換**（例：disagreements among team members can delay decisionsからconflicts and delayed decisionsへ）、などの手法がある。解答例を観察・研究してほしい。

訳　**Introduction** どんな職場環境でも、チームワークは、共通の目的に向かって頑張るために個人的な目的を二の次にして他人とうまく協力できる、優れたチームプレーヤーがいることで、最大の効果を発揮する。現実には、チームワークが必ずそううまくいくとは限らない。というのも、幾つか不都合な点があり得るからだ。例えば、チームのメンバー内の意見の相違により決定が遅れることがある。また、一人で仕事をするほうが得意で、チームでは苦労するような人たちもいる。加えて、チームワークでは、ただ乗りをする人が出てくることがある。

Conclusion 結論として、チームワークは、意見対立や決定の遅れにつながったり、チームの一員としてはあまり力を発揮できない社員の意欲を喪失させたり、プラスの貢献をほとんどしないただ乗りを許してしまったりすることがある。こうした不都合から、チームワークが必ずしも最善の仕事のやり方とは限らないことが示される。

Chapter 3

Q2 赤太字はThesis statement、下線部はSummary of Body

Introduction（再掲）
Nobody would disagree that traditional cultures are worth preserving. The problem is, who should take responsibility for implementing preservation projects that require a huge budget? **I think that government should fund traditional cultures to protect them.** Government should be responsible for maintaining the nation's cultural uniqueness, preserving irreplaceable traditional cultures, and providing the people with an identity in which they can take pride.

Conclusion

To summarize, I think government should fund traditional cultures, since they are of historical value, and maintaining them will not only preserve the nation's cultural uniqueness which is beneficial to the nation politically and economically, but will also promote a national identity in which people can take pride. Arts and cultures are an important asset that the government should spend money on for the well-being of the people.

解説 Q1同様、Q2の解答例も結論を示すTransition word（＝To summarize）の後、Thesis statementの再提示とBodyの要約が続いている。Thesis statementの節の後に「〜だから（since …）」とBodyの3要素を3つの節で続けることで、**Introductionで2文にわたっていた内容が、Conclusionでは1文にまとめられている**。1文が長くなるリスクはあるものの、これだけでもかなり違った印象になる。

　最後は伝統文化から視野を広げ、人々にとっての文化芸術の重要性を訴えている。このように**視野を広げて、エッセイの主題を補強するコメントをする**のも、印象的な締めの文を書く1つの手法だ。

訳 **Introduction** 伝統文化に保存の価値があることには、誰しも異議を唱えないだろう。問題は、巨額の予算が必要な保存プロジェクトを実施する責任を誰が負うべきか、だ。私は、伝統文化の保護のために政府が資金を出すべきだと考える。政府は、その国の文化的独自性を維持し、かけがえのない伝統文化を保存し、誇りを持つことのできるアイデンティティーを国民に提供する責任を負うべきだ。

　Conclusion まとめると、私は、政府が伝統文化に資金を出すべきだと考える。なぜなら、それらに歴史的価値があり、その維持によって、政治的・経済的に国益にかなう国の文化的独自性が保持されるばかりか、国民が誇りを持つことのできる国としてのアイデンティティーの促進にもつながるからだ。芸術・文化は、国民の幸福のために政府が資金を充てるべき重要な資産だ。

※この英文と、STEP 7, TASK 1のBody（74ページ）を合わせたフルセンテンスを **DL→01** で聞くことができます。

STEP 8　IntroductionとConclusionを書く

Task 2　STEP 7, Task 2 (What are the advantages and disadvantages of hosting the Olympic Games in your country?) で書いたBodyまたは解答例に、IntroductionとConclusionを書き足そう。

▶ 解答例92ページ

Introduction（できればパソコンに、タイピングで入力しよう）

参考　Bodyの解答例（※訳は81ページ参照）

To begin with, one advantage of hosting the Olympic Games is that it can bring in a lot of tourism. The Olympic Games gives the host country massive TV exposure for the duration of the event. Journalists from around the world report not only on the competing athletes but also on the host country, which makes tourists want to visit the place. For instance, the profile of Barcelona in Spain increased enormously thanks to the Olympics in 1992 and tourism has flourished since then. Hosting the Olympic Games can be a good promotion of the host city to potential tourists around the globe.

Moreover, hosting the Olympic Games also has the advantage of potentially improving the physical well-being of the people in the host country. A home Olympics can inspire the local people, who have the privilege of experiencing the events up close, to be more active and get involved in a sport. In fact, one survey conducted after the 1964 Tokyo Olympics revealed a sharp increase in the number of people playing sport. Thus, hosting the event has the power to change the lives of the people.

However, there are some disadvantages as well. The main drawback is that the cost of hosting this sporting event can be quite high. Host countries can even be left with huge debts. Since it costs a great deal of money to construct and maintain the venues for the games, many of these facilities are scarcely ever used afterward, making it difficult for the country to pay off the cost of building them. Hosting the event can be a financial disaster for this reason.

Conclusion（できればパソコンに、タイピングで入力しよう）

STEP 8　IntroductionとConclusionを書く

解答例

Task 2　DL→02

赤太字はThesis statement、下線部はSummary of Body

Introduction

Every four years, several countries compete to host the Olympic Games. **Although hosting the event has the advantages of generating increased tourism and potentially boosting the well-being of the people of the host country, it can also be a financial burden.** I will examine these points in detail below.

Conclusion

In summary, hosting the Olympic Games has some benefits, such as increased tourism and the potential to enhance the well-being of the host population. At the same time, it can take a financial toll on the host country. Hosting a project like the Olympic Games that could affect the host country in various ways needs serious consideration regarding its pros and cons.

解説　Introductionの冒頭でオリンピックの現状を簡潔に述べ、今からその賛否両論を述べることをAlthough hosting the event has the advantages of ...., it can also be ... と**逆接の接続詞Although**を使って示している。エッセイのトピックが「利点・欠点を述べること」なので、**Bodyの要約がThesis statementになる**。最後の1文（I will examine ...）はBodyへの橋渡しをしているが、省略することも可能だ。

Conclusionは結論を示すTransition wordのIn summaryで始まり、Bodyの要約が続く。欠点を述べる前にAt the same time,（と同時に）を挟み、**ポジティブからネガティブへのつながりが見えやすくなる配慮**がなされている。締めの1文は「（こうした賛否両論があるのだから）開催は慎重に検討すべき」と、広い視野でコメントしている。

訳　Introduction　4年ごとに、幾つもの国がオリンピック招致を目指して競う。このイベントの開催には、観光の成長をもたらし、開催国の国民の健康を向上させ得るというメリットがあるが、同時に財政的な負担ともなり得る。こうした点を、以下に詳しく検証しよう。

[Conclusion] 結論として、オリンピック招致には、観光成長や開催国民の健康促進の可能性といった利点が幾つかある。と同時に、開催国に財政的な損失を与える可能性もある。オリンピックのような、国にさまざま形で影響を与えるプロジェクトの開催は、その賛否両論に関して慎重に検討されるべきである。

※この英文と、STEP 7, TASK 2のBody（79ページ）を合わせたフルセンテンスを DL→02 で聞くことができます。

STEP 9
Intro-Body-Conclusionの5パラグラフを校正する

　エッセイライティング最終段階のSTEP 9では、完成したIntro-Body-Conclusionの5パラグラフを、最初から最後まで読んで校正する。文法ミス・スペルミス・同じ言葉の繰り返し・冗長な言い回しといった**テクニカル面のチェック**と、各パラグラフに必要な要素が過不足なく書かれているかといった**コンテンツ面のチェック**を行う。校正のためのチェックリスト（次ページ参照）を使って確認すると安心だ。

　スペルチェック機能を使うことは必須だが、ourとoutなどスペルチェックをすり抜けてしまうミスもあるので、あくまで**「目視で」丁寧に校正**しよう。単語を一括で修正したい場合は、文書作成ソフトの検索機能を使い、その単語を検索したうえで1つひとつ直していく。

　語と語の組み合わせ（コロケーション）や表現の自然さを確認したい場合は、その**フレーズを引用符でくくり、Google検索**するのが便利だ。ヒット件数やそのフレーズを含む文例が判断材料になる。また**自分で書いた英文は音読すると客観視しやすくなる**ため、リズムの悪さや言い回しのくどさに気付くことができる。時間がある場合は、1、2日寝かせてから校正すると、修正点を発見しやすくなることもある。

STEP 9の目標

細かいミスを修正し、エッセイの完成度を上げる

校正チェックリスト

チェック項目（クリアしたら□に✓）	
【 テクニカル面 】	
1つの文に主語と動詞がある	☐
主語の数（単数・複数）と動詞の形は一致している	☐
主語に対する動詞の態（能動・受動）が適切である	☐
動詞の時制は適切である	☐
主語がIやItばかりになっていない	☐
必要なbe動詞が抜けていない	☐
動詞がbe動詞ばかりになっていない	☐
同じ動詞・名詞・形容詞・副詞が繰り返し使われていない	☐
名詞の数や格に対応した代名詞を使っている	☐
長い文・短い文が混在し、英文に緩急がある	☐
長い文でも2行以内に収まっている	☐
Transition wordsが適切に使われている	☐
スペルミスがない	☐
改行やインデントは適切である	☐
フォントや文字サイズは適切で読みやすい	☐
【 コンテンツ面 】	
IntroductionにThesis statementがある	☐
ConclusionでThesis statementが繰り返されている	☐
IntroductionとConclusionで同じ主張をしている	☐
Conclusionにそれまで出てこなかった新しい要素はない	☐
Bodyの各パラグラフがTopic sentenceで始まっている	☐
1つのパラグラフで1つのアイディアだけが論じられている	☐
主張に関する説明は具体的で説得力がある	☐
論理の筋道や説明の手順に部分的な欠落はない	☐
一貫してトピックに関連した内容になっている	☐
筆者の主張は明確である	☐

STEP 9 Intro-Body-Conclusionの5パラグラフを校正する

校正前の下書きと校正例

【T】＝テクニカル面　【C】＝コンテンツ面

【T】beenを挿入

With the development of civilization and industrialization, people's mobility has greatly improved. Among all forms of transportation available today, trains are definitely the most convenient. Trains promise you congestion-free trip with maximized comfort and safety.

【T】不定詞toの後にbeを挿入

【T】tripを複数形に

First, there are no traffic jams on the railroad. This means a lot to those who lead busy lives with numerous commitments. For example, you won't suffer from the mental stress of being stuck in heavy traffic if you choose to take a train. I got caught in a terrible traffic jam last summer, and it totally ruined the first day of my vacation. On the contrary, trains allow you to fairly certain when you will arrive at your destination. Timetables help you plan your travel and save you the risk of being late for important appointments. Generally, trains do not delay nor exhaust you as automobiles might do.

【T】thisをthatに変える

Also, you can usually travel quite comfortably on a train. You can sit back, relax, and enjoy the scenery through the window. It may be true that an airplane also lets you do this, but the level of comfort is no comparison to this offered by a train. Train seats are wider and softer. The view from a train window changes quickly, so doesn't become boring. I read a novel during my morning commute on the train, and it helps me relax and prepare for the day ahead. Trains can offer you a more pleasant trip than any other means of transportation.

【T】文頭にTransition wordを挿入

There are fewer safety and security concerns for train travel. If you consider the elaborate security checks required at an airport or the huge number of fatal car accidents, you will get the picture. Another point in favor of train travel is that trains are less susceptible to bad weather. On a stormy day, trains are the most reliable. Airplanes and ferries are subject to inclement weather, and driving a car can be dangerous on slippery roads. In terms of security concerns and vulnerability to bad weather, trains excel.

【C】Thesis statementを再提示する

To sum up, trains don't get stuck in traffic jams, provide more comfortable journeys, and ensure a higher degree of passenger safety. Trains may not be the most advanced form of transport, yet there are valid reasons for people to prefer this conventional transportation system, even in this day and age.

校正後

With the development of civilization and industrialization, people's mobility has **been** greatly improved. Among all forms of transportation available today, trains are definitely the most convenient. Trains promise you congestion-free **trips** with maximized comfort and safety.

First, there are no traffic jams on the railroad. This means a lot to those who lead busy lives with numerous commitments. For example, you won't suffer from the mental stress of being stuck in heavy traffic if you choose to take a train. I got caught in a terrible traffic jam last summer, and it totally ruined the first day of my vacation. On the contrary, trains allow you to **be** fairly certain when you will arrive at your destination. Timetables help you plan your travel and save you the risk of being late for important appointments. Generally, trains do not delay nor exhaust you as automobiles might do.

Also, you can usually travel quite comfortably on a train. You can sit back, relax, and enjoy the scenery through the window. It may be true that an airplane also lets you do this, but the level of comfort is no comparison to **that** offered by a train. Train seats are wider and softer. The view from a train window changes quickly, so doesn't become boring. I read a novel during my morning commute on the train, and it helps me relax and prepare for the day ahead. Trains can offer you a more pleasant trip than any other means of transportation.

In addition, there are fewer safety and security concerns for train travel. If you consider the elaborate security checks required at an airport or the huge number of fatal car accidents, you will get the picture. Another point in favor of train travel is that trains are less susceptible to bad weather. On a stormy day, trains are the most reliable. Airplanes and ferries are subject to inclement weather, and driving a car can be dangerous on slippery roads. In terms of security concerns and vulnerability to bad weather, trains excel.

To sum up, **trains are the most convenient transportation because** they don't get stuck in traffic jams, provide more comfortable journeys, and ensure a higher degree of passenger safety. Trains may not be the most advanced form of transport, yet there are valid reasons for people to prefer this conventional transportation system, even in this day and age.

STEP 9　Intro-Body-Conclusionの5パラグラフを校正する

解説　赤字部分の校正例を確認しよう。【 テクニカル面 】と【 コンテンツ面 】を同時に校正するのは難度が高いかもしれない。お勧めは以下の手順だ。

① 【 テクニカル面 】のチェックを注意深くする過程で、内容的に気になるところがあればその場で修正していく。

② 最後まで【 テクニカル面 】の校正をしたら、最初から通読し、主に【 コンテンツ面 】を確認し、必要な修正をする。

③ もう一度、「エッセイを初めて読むつもり」で通読する。

　※スペルチェッカーが拾わないタイプミスは、英文を逆から読むと発見しやすい。

訳（校正後）　文明と産業の発展に伴って、人々の移動能力も大きく向上してきた。現在利用できるあらゆる交通手段の中でも、電車が間違いなく最も便利だ。電車は、最大限の快適性と安全性を兼ね備えた、渋滞のない移動を約束してくれる。

　第一に、電車には交通渋滞がない。このことは、数々の約束を抱えた多忙な生活を送っている人たちにとって、大きな意味がある。例えば、電車を利用することにすれば、交通渋滞に巻き込まれる精神的ストレスを受けることはない。私は去年の夏、ひどい交通渋滞につかまってしまい、おかげで休暇の初日がすっかり台無しになった。それに対して電車は、目的地に到着する時間がかなり確実に見込める。旅の計画を立てたり大事な約束に遅れるリスクを回避したりするのに、時刻表が役立つ。一般的に、電車は自動車で起こり得るほど遅れることも、疲弊させられることもない。

　また、電車では通常、かなり快適な旅ができる。深々と座ってくつろぎ、窓の向こうの景色を楽しむことができる。飛行機でも確かにこれはできるかもしれないが、電車で得られるものとは快適さが比較にならない。電車の座席のほうが広くてソフトだ。電車の窓の景色は目まぐるしく変化するから、飽きることがない。私は朝の電車通勤時に小説を読むが、おかげでリラックスしてこれから始まる１日に備えることができる。電車は、ほかのどの交通手段よりも心地よい移動を提供してくれる。

　さらに、電車での移動は安全性やセキュリティーの心配も少ない。空港で課せられる念入りなセキュリティーチェックや、自動車死亡事故の膨大な件数を考えれば、どういうことかわかるだろう。電車での移動が有利なもう1つの点は、電車が悪天候の影響を受けにくいことだ。荒天の日には電車が最も頼りになる。飛行機やフェリーは悪天候の影響を受けるし、滑りやすい路面での自動車運転は危険を伴う。安全上の心配や悪天候への脆弱さという点で、電車は優れている。

　結論としては、交通渋滞に巻き込まれないこと、より快適な旅を提供すること、乗客の安全をより高度に保証することから、電車が最も便利な交通手段である。電車は最先端の交通手段ではないかもしれないが、それでも、この現代においてなお、この便利な交通機関を人々が好む正当な理由が存在するのだ。

※この英文は、**DL⇒03** で聞くことができます。

Chapter 3

Task 1 次のパラグラフの下書きを校正してみよう。　▶ 解答例100ページ

Q1 エッセイの主題：Social networking services can be harmful to children.

Body 1 を想定した下書き

For starters, children can never imagine the bad results of misusing social networking services. These services are so engaged that kids easily get engrossed in them. Even adult find it hard to limit their time hanging out on such sites, so why not children? Spending too much time on the sites is not the only concern. Social network sites are place where people get together and talk about others. Kids may become the target of rumors and gossip and can hurt by spiteful comments.

Q2 エッセイの主題：I disagree with the statement that people should quit their job at a certain age.

Body 2 を想定した下書き

Second, it is unreasonable to disregard workers' individual difference. Some are ready to retire at a certain age whereas others are still productive, both physically and mentally, at the same age. My uncle has retired a few years ago after working for more than 30 years at a construction company. Right after retirement, he offered a position as a consultant by an architectural design firm. His skills and experience enabled to get a new job, but I think it didn't have to be at a different company. If the construction company he had previously worked for offered to rehire him, he would be happy to take a new position at his old company. It is beneficial for a company to have an option to retain workers of retirement age, depending on their skills, experience, and expertise.

STEP 9 Intro-Body-Conclusionの5パラグラフを校正する

解答例

Task 1

Q1 校正例

> For starters, children can never imagine the negative consequences[①] of misusing social networking services. These services are so engaging[②] that kids easily get engrossed in them. Even adults[③] find it hard to limit their time hanging out on such sites, so why wouldn't[④] children? Still,[⑤] spending too much time on the sites is not the only concern. Social network sites are places[⑥] where people get together and talk about others. Kids may become the target of rumors and gossip and can be[⑦] hurt by spiteful comments. Children are too immature to handle these kinds of negative situations on their own.

解説

【 テクニカル面 】

① bad results ➡ negative consequences
「悪い結果」を直訳すればbad resultsかもしれないが、これは「テスト・実験・試合等での思わしくない結果」を想起させる可能性がある。ここではconsequenceという便利な名詞を使おう。consequenceとは「行為の結果起こる（通常、好ましくない）状況や成り行き」を意味する。

② engaged ➡ engaging
engageは「従事させる・没頭させる」という意味の動詞。ソーシャル・ネットワーキング・サービス（These services）は何かに従事させられる（＝受動態）わけではなく、その魅力で子供を没頭させる（＝能動態）のだから、能動を意味する-ing（〜する性質をもつ）で終わる形容詞が適切だ。

③ adult ➡ adults
名詞adultは可算名詞。この文脈で、ある大人を1人だけ（adult）想定するのは不自然だ。「大人」と総称するなら複数形にしよう。

④ not ➡ wouldn't
Why not ...? は、「なぜ〜ではないのか」と理由を尋ねる以外に、「なぜ〜しないのか（〜してはどうか）」という提案の意味ももつ。ここでは「大人ですらそうなのに、子どもがそうしないなんてあり得ない」という書き手の意図を明確にするために、現実ではあり得ないことを表現する仮定法（why wouldn't children?）を使おう。

Chapter 3

⑤ Spendingの前にStill, を挿入する
Transition wordであるStill,（それでもなお）を文頭に挿入すると、「ソーシャル・ネットワーキングのサイト上で多くの時間を費やすこと」以外にもあり得る悪影響を次の文で述べる、という文同士のつながりが明確になる。

⑥ place ➡ places
主語Social network sites は複数形で、種々のサイトを想定していることがわかる。「〜の場」とするなら、同じく複数形でそろえよう。

⑦ canとhurtの間にbeを挿入する
校正チェックリストにもある「be動詞の抜け」の一例。この文の主語はKidsなので、動詞をcan be hurt by ... と修正し、「(子どもたちが)〜に傷つけられるかもしれない」と受動態にする。

【 コンテンツ面 】
⑧ 下書きには、パラグラフの内容を要約し、次のパラグラフへ橋渡しをする役割のConcluding sentenceがない。校正例で追加した赤字部分を見てほしい。この1文が、未熟であるがゆえにサイト上で適切な対応ができない子どもの有り様をまとめるConcluding sentenceとなっている。

訳 (校正後) **主題** ソーシャル・ネットワーキング・サービスは、子どもたちにとって有害になり得る。

解答例 まず、子どもたちはソーシャル・ネットワーキング・サービスの誤った使い方による悪い結果を決して想像できない。こうしたサービスは非常に興味をそそるので、子どもたちは簡単に夢中になってしまう。大人でさえこうしたサイトに入り浸る時間を制限するのは難しいと感じるのだから、子どもがそうならないはずがあるだろうか。しかし、サイトに費やす時間が多過ぎることだけが心配なのではない。ソーシャル・ネットワークのサイトは、人が集まってほかの人たちのことを話す場だ。子どもたちがうわさ話や陰口のターゲットになるかもしれないし、悪意あるコメントで傷つけられるかもしれない。子どもたちは、こうした好ましくない状況に自力で対処するには未熟過ぎる。

STEP 9 Intro-Body-Conclusionの5パラグラフを校正する

Q2 校正例

> Second, it is unreasonable to disregard workers' individual differences①. Some are ready to retire at a certain age whereas others are still productive, both physically and mentally, at the same age. For instance,② my uncle retired③ a few years ago after working for more than 30 years at a construction company. Right after retirement, he was offered④ a position as a consultant by an architectural design firm. His skills and experience enabled him⑤ to get a new job, but I don't think it had to⑥ be at a different company. If the construction company he had previously worked for had offered to rehire him, he would have been⑦ happy to take a new position at his old company. This is an example of how it can be beneficial for a company to have an option to retain workers of retirement age, depending on their skills, experience, and expertise.

解説

【 テクニカル面 】

① difference ➡ differences
名詞differenceは可算名詞。「個人差」は1つだけではないはずだから、複数形でindividual differencesとする。

② For instance, を文頭に挿入
「退職すべき時期には個人差がある」例として、叔父のエピソードを挿入することを明確にするため、例示のTransition wordを文頭に置こう。For example, などでもいい。

③ has retired ➡ retired
退職したのは「数年前(a few years ago)」と時期がはっきりしており、その時点で完結している行為なので、動詞retireは過去時制にするのが適切。

④ offered ➡ was offered
この文の主語はhe(＝my uncle)。叔父は新しい職に就くことを提案「された」ので、動詞は受動態was offeredにする。そうすれば、文末に行為者を表すby an architectural design firm(建築設計事務所により)があることとつじつまが合う。

⑤ enabledの後にhimを挿入
動詞enableは「enable〈間接目的語〉to do」の形で使う。不定詞toに続くget a new jobという行為をするのはmy uncleなので、enabledの後に代名詞の目的格himを挿入する。

⑥ I think it didn't have to ➡ I don't think it had to
英語では、自分の考えを明確に伝えるため、「否定(反対表明)」をできるだけ早い段階で

提示しようとする。そのため、否定語であるnotは文の最初のほうに来る傾向がある。この例ではI thinkを否定してI don't thinkとし、「〜の必要があったとは思わない＝〜の必要はなかったと思う」と表現するのが英語として自然だ。

⑦ offered / would be ➡ had offered / would have been
叔父が働いていた会社を定年退職し、新しい職を得たのは数年前で、すでに過去の話となっている。その「過去の出来事」に関して仮定の話をするのであれば、「〜だったら、…しただろう」という意味となる仮定法過去完了を使おう。

【 コンテンツ面 】
⑧ パラグラフのConcluding sentenceに相当する解答例の赤字部分では、「（今まで述べたことは）自分の主張を裏付ける一例になる」と結論付けている。下書きのように It is beneficial ... と断定するよりも、「一例だ」とするほうが、主張が客観性を帯び、説得力も増すと思われる。This is an example of ...（これは〜の一例だ）はエッセイで重宝する定型表現なので、機会を見つけて使ってほしい。

訳（校正後） **主題** 誰もがある年齢で仕事を辞めるべきだという意見には反対だ。

解答例 第二に、働く人々の個人差を無視するのは不合理だ。ある年齢で退職する用意のある人もいれば、同じ年齢で心身ともにまだ生産的な人もいる。例えば、私の叔父は建設会社で30年以上働いた後、数年前に退職した。退職直後に、彼は建築設計事務所でコンサルタントの職を得た。技術と経験のおかげで新たな就職が可能になったのだが、別の会社である必要はなかった。前に働いていた建設会社が彼を再雇用していたなら、彼は喜んで前の会社で新しい職に就いただろう。これは、定年を迎えた労働者を技術や経験や専門性に応じて雇い続けるという選択肢を持つことが、会社にとっていかに有益であり得るかという一例だ。

STEP 9　Intro-Body-Conclusionの5パラグラフを校正する

Task 2　下のチェックリストを参照しながら、1つの設問に対する2種類のエッセイを校正しよう。

▶ 解答例108ページ

校正チェックリスト

	チェック項目（クリアしたら□に✓）	下書き1	下書き2
【テクニカル面】	1つの文に主語と動詞がある	□	□
	主語の数（単数・複数）と動詞の形は一致している	□	□
	主語に対する動詞の態（能動・受動）が適切である	□	□
	動詞の時制は適切である	□	□
	主語がIやItばかりになっていない	□	□
	必要なbe動詞が抜けていない	□	□
	動詞がbe動詞ばかりになっていない	□	□
	同じ動詞・名詞・形容詞・副詞が繰り返し使われていない	□	□
	名詞の数や格に対応した代名詞を使っている	□	□
	長い文・短い文が混在し、英文に緩急がある	□	□
	長い文でも2行以内に収まっている	□	□
	Transition wordsが適切に使われている	□	□
	スペルミスがない	□	□
	改行やインデントは適切である	□	□
	フォントや文字サイズは適切で読みやすい	□	□
【コンテンツ面】	IntroductionにThesis statementがある	□	□
	ConclusionでThesis statementが繰り返されている	□	□
	IntroductionとConclusionで同じ主張をしている	□	□
	Conclusionにそれまで出てこなかった新しい要素はない	□	□
	Bodyの各パラグラフがTopic sentenceで始まっている	□	□
	1つのパラグラフで1つのアイディアだけが論じられている	□	□
	主張に関する説明は具体的で説得力がある	□	□
	論理の筋道や説明の手順に部分的な欠落はない	□	□
	一貫してトピックに関連した内容になっている	□	□
	筆者の主張は明確である	□	□

Chapter 3

> 設問

Do you agree or disagree with the following statement?
"In the near future, machine translation will replace human translation."
Give specific reasons and examples to support your opinion.

【下書き1】

I disagree with the statement that machine translation will replace human translation. I have three reasons for my idea.

First of all, it costs much more to translate using machine translation than to do so using humans. We have to not only develop a translation machine which has the cutting-edge translation system, but also invest a large amount of money into improving its efficiency. Human translation sometimes costs a lot, but as long as early investment is concerned, machine translation is much more expensive than human translation, and so it is difficult to think that all translations can be done by machine.

In addition, the accuracy of machine translation remains low unless someone updates the system whereas human translation will likely more precise. To become a translator, they have to study and practice for years. But it is time well invested. The more experience a translator has, the higher level the translation skill automatically becomes, and as a result, they perform more accurately than machine translation.

Finally, it is difficult for machine translation to precisely express a person's feelings and thoughts. A human translator works on a translation with emotion and experience, and he or she can contact with the client. By contrast, machine translation involves no communication with a client. This can bring about an artificiality of the result in machine translation and readers will not be able to understand it.

To conclude, I strongly believe that machine translation will never remove the need for human translation. It costs too much, some help is needed to improve its precision, and it does not translate perfectly.

STEP 9　Intro-Body-Conclusionの5パラグラフを校正する

設問（前ページと同じ）

> Do you agree or disagree with the following statement?
> "In the near future, machine translation will replace human translation."
> Give specific reasons and examples to support your opinion.

【下書き2】

Some social commentators claim that machine translation is going to exceed that of human within a few years. Another viewpoint is that they will not surpass human translation in the future. Personally, I don't think that machine translation will replace human translation because translation software does not have any emotions, and human intentions cannot be understood by software. The bottom line is that people trust human translation more than machine translation.

The main point to consider regarding how different machine translation and human translation is that people can translate words, stories and people's emotions. For instance, jokes or sarcasm can be understood by interpreters, but machines do not have any emotions, so they are less likely to identify the proper meaning.

Another reason for not supporting this hypothesis about future translation is that only people can understand poetical or literary sentences. For example, if we look at the famous actress Audrey Hepburn's word, "I don't want to be alone, I want to be left alone.", only people who know her personality can turn her words into suitable Japanese. Although translation technology is improving, proper translation needs knowledge of the world to relate to the sentence, so machine translation is doomed to fall short in this context.

The last point to discuss is how the relationship between machine translation and humans will change in the future. Machine translation is going to develop, however it cannot be used in certain specific circumstances where the correct translation is vitally important. For example, in international conferences, human translation will be used because they have a longer history than machine translation. A lots of ministers from all over the world trust human translation rather than machine, so in some vital situations, human translation will retain its important position.

In conclusion, there are three main arguments to support the idea that machine translation will not replace human translation. Firstly, there is nothing that excels understanding of human feelings better than humans. Secondly, poetry or literature cannot be understood by machine translation because understanding them requires knowledge that can only be got from our daily lives. Also, human translation will used more often than machine translation in important situations, so machine translation will not replace human translation.

STEP 9 Intro-Body-Conclusionの5パラグラフを校正する

解答例

Task 2 【下書き1】 DL→04

I disagree with the statement that machine translation will replace human translation. I have three reasons for my opinion①. Machine translation is costly, keeping its accuracy is hard, and it does not translate perfectly.

First of all, it costs much more to translate using machine translation than to do so using humans. We have to not only develop translation programs that are cutting-edge②, but also invest a large amount of money into improving their② efficiency. Human translation sometimes costs a lot, but as far as③ early investment is concerned, machine translation is much more expensive than human translation, and so it is difficult to think that all translations can be done by machine.

In addition, the accuracy of machine translation will remain④ low unless someone updates the system whereas human translation will likely be⑤ more precise. To become a translator, you⑥ have to study and practice for years. But it is time well invested. The more experience a translator has, the higher level the translation skill automatically becomes, and as a result, they perform more accurately than machine translation.

Finally, it is difficult for machine translation to precisely express a person's feelings and thoughts. A human translator works on a translation with emotion and experience, and he or she can contact the client⑦. By contrast, machine translation involves no communication with a client. This can result in an artificial translation⑧ and readers will not be able to understand it.

To conclude, I strongly believe that machine translation will never remove the need for human translation. It costs too much, some help is needed to improve its precision, and it does not translate perfectly.

解説

【テクニカル面】

① idea ➡ opinion
日本語にすると「考え・意見＝idea」で良いように思うが、ideaは概念・思想・着想・発案と

も取れる。ここでのように「特定のテーマに関する自分の意見や見解」を表現するには、my opinionとしたほうが無難だ。

② a translation machine which has the cutting-edge translation system / its efficiency ➡ translation programs that are cutting-edge / their efficiency
原案でも大意は通じるはずだが、改案のほうがより簡潔な表現になっている。原案のa translation machineがどんな機器を意味するかは曖昧だが、改案のtranslation programsであればより明確にイメージできる。

③ as long as ➡ as far as
「～に関する限り」は、as far as A is concerned ... の形を取る。as long as〈主語＋述語動詞〉は「～する間は、～さえすれば」という意味なので、混同しないこと。

④ remains ➡ will remain
文の後半にunless（～しない限り）で始まる条件節がある。「その条件が成就しない限りは何かが起こるだろう」という文意を表すため、述語動詞は未来の表現であるwill remainとしよう。

⑤ likely のあとにbeを挿入
主語human translationに続く述語動詞will beの間に副詞likelyが割り込んでいるので、beが抜けてしまったのだろう。副詞を挟むことに気を取られて、動詞を飛ばさないように。

⑥ they ➡ you
原案ではtheyを翻訳家志望者の意で使っていると思われるが、英語では、代名詞が指す元の名詞はそれ以前の文ではっきり提示されている必要がある。ここでは一般論を語っているので、一般主語のyouを使うといいだろう。

⑦ contact の後のwithを削除
間違いやすいポイントだが、contact（～に連絡する）は他動詞で、直後に目的語を取るので、前置詞は不要だ。

⑧ bring about an artificiality of the result in machine translation
➡ result in an artificial translation
原案は「機械翻訳に結果の不自然さをもたらす」の意で書かれたのだろうが、改案はより簡潔に「不自然な翻訳という結果となる」と表現している。result inは「～という結果となる」という意味の句動詞。

【 コンテンツ面 】

⑨ IntroductionにThesis statement（主題文）はあるが、そのサポートとなる3つの理由を要約する文がない。校正例の赤字部分に着目してほしい。Body（本論）が展開される前に、「Bodyではこれ、これ、これを言います」と読み手に教えてあげるのが、読みやすいエッセイと言える。

⑩ 1つめの理由は「機械翻訳はコストがかかる」というもの。しかし機械翻訳はgoogleやFacebook等で広く使われている機能でもあり、利用は無料である。初期投資やプロ

STEP 9　Intro-Body-Conclusionの5パラグラフを校正する

グラム開発に費用がかかるものの、「機械翻訳＝コスト高」というには論拠が弱い。「手軽な機械翻訳もあるが、精度が低く、意味が通じないこともある」などとするとさらに説得力が増しただろう。

訳　**設問**　あなたは次の意見に賛成ですか、反対ですか。
「近い将来、機械翻訳は人間による翻訳に取って代わる」
意見の根拠となる具体的な理由と例を挙げなさい。

解答例　私は、機械翻訳が人間による翻訳に取って代わるという意見には反対だ。私の意見には3つの理由がある。機械翻訳は費用がかかり、精度を維持するのが難しく、完璧な翻訳ができないのだ。

　何よりもまず、機械翻訳を使って翻訳をするのは、人間を使ってそうするよりもはるかに費用がかかる。最先端の翻訳プログラムを開発する必要があるだけでなく、効率を高めるためにも多額の投資をする必要がある。人間による翻訳も費用がかさむことがあるが、初期投資に関する限り、機械翻訳は人間による翻訳よりもずっと多くの費用がかかるので、すべての翻訳が機械でできるとは考えにくい。

　加えて、機械翻訳の精度は誰かがシステムをアップデートしてやらなければ低いままだろうが、それに対して人間による翻訳は正確さが上である可能性が高い。翻訳者になるためには何年もかけて勉強や訓練をする必要がある。だが、それは費やす価値のある時間だ。翻訳者の経験が豊富であるほど、自然と翻訳技術のレベルは高くなり、その結果、機械翻訳よりも正確な仕事ぶりが発揮される。

　最後に、機械翻訳には人物の感情や考えを的確に表現することが難しい。人間の翻訳者は感情や経験を駆使して仕事をするし、クライアントと連絡を取ることもできる。それに対して、機械翻訳にはクライアントとのコミュニケーションがない。この結果、人工的な翻訳となる可能性があり、読者が理解できないかもしれない。

　結論として、機械翻訳によって人間による翻訳が排除されることは決してないと、私は強く信じる。費用がかかり過ぎるし、精度を上げるために何らかの補助が必要であるし、しかも完璧な翻訳をしないのだから。

※この英文は、**DL→04** で聞くことができます。

Chapter 3

Task 2 【下書き 2】 DL→05

Some social commentators claim that machine translation is going to exceed that of humans[1] within a few years. Another viewpoint is that it[2] will not surpass human translation in the future. Personally, I don't think that machine translation will replace human translation because translation software does not have any emotions, and human intentions cannot be understood by software. The bottom line is that people trust human translation more than machine translation.

The main point to consider regarding how different machine translation and human translation are,[3] is that people can translate words, stories, and people's emotions. For instance, jokes or sarcasm can be understood by interpreters, but machines do not have any emotions, so they are less likely to identify the proper meaning.

Another reason for not supporting this hypothesis about future translation is that only people can understand poetical or literary sentences. For example, if we look at the famous actress Audrey Hepburn's words[4], "I don't want to be alone, I want to be left alone.", only people who know her personality can turn her words into suitable Japanese. Although translation technology is improving, proper translation needs knowledge of the world to relate to the sentence, so machine translation is doomed to fall short in this context.

The last point to discuss is how the relationship between machine translation and humans will change in the future. Machine translation is going to develop, however it cannot be used in certain specific circumstances where the correct translation is vitally important. For example, in international conferences, human translation will be used because it has[5] a longer history than machine translation. Lots[6] of ministers from all over the world trust human translation rather than machine, so in some vital situations, human translation will retain its important position.

In conclusion, there are three main arguments to support the idea that machine translation will not replace human translation. Firstly, nothing can understand[7] human feelings better than humans. Secondly, poetry or literature cannot be understood by machine translation because understanding them requires knowledge that can only be got from our daily lives. Finally[8], human translation will be used[9] more often than machine translation in important situations, so machine translation will not replace human translation.

STEP 9 Intro-Body-Conclusionの5パラグラフを校正する

STEP 9　Intro-Body-Conclusionの5パラグラフを校正する

解説

【 テクニカル面 】

① human ➡ humans
「人、人間」の意味での名詞humanは可算名詞なので複数形にする。

② they ➡ it
原案ではtheyが示す名詞はmachine translationと思われるので、代名詞は単数のitを使う。

③ how different machine translation and human translation is that
➡ how different machine translation and human translation are, is that
主節の主語(The main) pointに対する動詞がisだが、「機械翻訳と人間による翻訳がどう違うか」の従属節には主語machine translation and human translationに対する動詞areが必要。文が長くなると、主語と述語動詞の関係が見えにくくなるので、注意が必要だ。

④ word ➡ words
「人が発した言葉」の意味では複数形にする。

⑤ they have ➡ it has
原案ではtheyが示す名詞はhuman translationと思われるので、代名詞はitとし、その主語に対する動詞をhasとする。

⑥ A lots of ➡ Lots of
A lot of とLots ofを混同してしまった例。こうしたミスはスペルチェックをすり抜けてしまうので、目視で見つけるしかない。

⑦ there is nothing that excels understanding of ➡ nothing can understand
せっかくnothingを使うなら、nothingを主語にすると文が簡潔になる。〈Nothing can 動詞〉は便利な構文なので、積極的に使ってほしい。

⑧ Also ➡ Finally
最後の項目には追加を表すAlsoよりも、「これが最後」とはっきり伝わるFinallyといったつなぎ言葉を使うほうが、読み手に親切だ。

⑨ will used ➡ will be used
主語はhuman translationなので、対する動詞は「使われるだろう」の意で受動態will be usedを使う。動詞useは過去分詞になっていただけに、惜しいミスだ。

【 コンテンツ面 】

⑩ 1つめの理由(＝人間なら言葉も物語も感情も翻訳できる)と2つめの理由(＝人間だけが詩や文学を翻訳できる)にあまり差異がないように思われる。例えば「機械翻訳の精度向上には人間によるプログラムの絶え間ないアップデートが必要で、その分手間とコストがかかる」といった「翻訳のクオリティ」とは別の観点から考えた機械翻訳の弱点を挙げると良かっただろう。

Chapter 3

訳 設問 110ページ参照

解答例 一部の社会評論家は、数年以内に機械翻訳が人間をしのぐようになると主張する。別の見方では、将来的にも人間の翻訳を超えることはないだろうとされる。私個人としては、機械翻訳が人間による翻訳に取って代わることはないと思う。というのも、翻訳ソフトには感情がなく、人間の意図がソフトウエアには理解できないからだ。結局のところ、人は機械翻訳よりも人間による翻訳を信頼する。

　機械翻訳と人間による翻訳がどう違うのかについて考えるための最大のポイントは、人間は言葉も物語も人の感情も翻訳できるということだ。例えば、冗談や皮肉は翻訳者には理解されるが、機械には感情がないので、正しい意味を識別できない可能性がある。

　将来の翻訳に関する仮説を支持しないもう一つの理由は、人間だけが詩的もしくは文学的な文章を理解できるからだ。例えば、有名な女優オードリー・ヘプバーンの"I don't want to be alone, I want to be left alone."(孤独になりたいのではなく、一人になれる時間が欲しいのです)という言葉に目を向けると、彼女の性格を知っている人にしか、その言葉を適当な日本語に訳すことはできない。翻訳技術は進歩しているが、適切な翻訳のためにはその文に関わる世界の知識が必要なので、機械翻訳はその点でどうしても及ばない。

　論ずべき最後のポイントは、機械翻訳と人間の関係性が将来どう変わっていくかだ。機械翻訳は進歩していくだろう。しかし正確な翻訳が極めて重要なある特定の状況では使うことができない。例えば、国際会議では、機械翻訳よりも長い歴史があることから、人間による翻訳が使われるだろう。世界中から集まった大勢の閣僚たちは機械よりも人間の翻訳を信用するので、幾つかの重大な場面では、人間による翻訳が重要な地位を占め続けるだろう。

　結論を述べると、機械翻訳が人間の翻訳に取って代わることはないと考える根拠として、大きく三つの論点がある。第一に、人間以上に人間の気持ちを理解できるものはない。第二に、詩や文学は機械翻訳では理解できない。というのも、それらを理解するためには日々の生活からしか得られない知識が必要だからだ。最後に、重要な場面では人間による翻訳が機械翻訳よりも多く用いられるだろうから、機械翻訳が人間による翻訳に取って代わることはないだろう。

※この英文は、 **DL➡05** で聞くことができます。

Chapter 4
演習問題

　それではこれまでのトレーニングで培ったノウハウを生かして、演習問題に挑戦してみよう。各問題は、

- TOEFL® iBT Writing セクション
- TOEIC® ライティングテスト
- IELTS
- 実用英語検定1級

などで出題されるテーマを意識して作られている。これらの試験では解答中に辞書を引くことは禁じられているが、今回は本書の学習の集大成としての演習なので、辞書を使用しても構わない。ブレーンストーミングも、Webや4スクエアを利用して十分行ってほしい。

　また、各課題には以下のような時間制限が設けられている。こちらは厳格に守って、力試しをしよう。エッセイの作成にはパソコンを使い、スペルチェック機能は使わないこと。校正チェックリスト（116ページ）を使い、テクニカル・コンテンツ両面の完成度を高めてほしい。

　目標語数は特に設けていない。同じテーマに繰り返しトライし、解答例にある表現を取り入れたりしながら、自分のペースで制限時間内に書ける語数を増やしていってほしい。

課題 1　制限時間なし

課題 2　制限時間60分

課題 3　制限時間30分

Chapter 4

以下にブランクのWebと4スクエアを用意した。課題に取り組む際、同様のものをノートに書くか、このページをコピーして使用しよう。

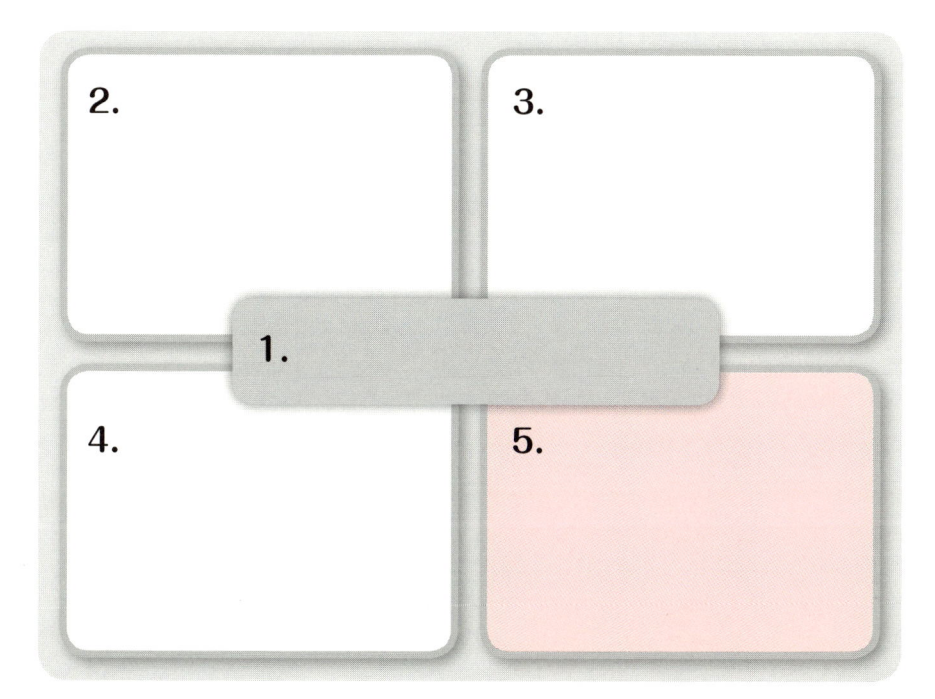

演習問題

演習問題

校正チェックリスト

チェック項目（クリアしたら□に✓）	課題1	課題2	課題3
【 テクニカル面 】			
1つの文に主語と動詞がある	☐	☐	☐
主語の数（単数・複数）と動詞の形は一致している	☐	☐	☐
主語に対する動詞の態（能動・受動）が適切である	☐	☐	☐
動詞の時制は適切である	☐	☐	☐
主語がIやItばかりになっていない	☐	☐	☐
必要なbe動詞が抜けていない	☐	☐	☐
動詞がbe動詞ばかりになっていない	☐	☐	☐
同じ動詞・名詞・形容詞・副詞が繰り返し使われていない	☐	☐	☐
名詞の数や格に対応した代名詞を使っている	☐	☐	☐
長い文・短い文が混在し、英文に緩急がある	☐	☐	☐
長い文でも2行以内に収まっている	☐	☐	☐
Transition wordsが適切に使われている	☐	☐	☐
スペルミスがない	☐	☐	☐
改行やインデントは適切である	☐	☐	☐
フォントや文字サイズは適切で読みやすい	☐	☐	☐
【 コンテンツ面 】			
IntroductionにThesis statementがある	☐	☐	☐
ConclusionでThesis statementが繰り返されている	☐	☐	☐
IntroductionとConclusionで同じ主張をしている	☐	☐	☐
Conclusionにそれまで出てこなかった新しい要素はない	☐	☐	☐
Bodyの各パラグラフがTopic sentenceで始まっている	☐	☐	☐
1つのパラグラフで1つのアイディアだけが論じられている	☐	☐	☐
主張に関する説明は具体的で説得力がある	☐	☐	☐
論理の筋道や説明の手順に部分的な欠落はない	☐	☐	☐
一貫してトピックに関連した内容になっている	☐	☐	☐
筆者の主張は明確である	☐	☐	☐

Chapter 4

以下のテーマについて、Webと4スクエアを使ってブレーンストーミングし、Introduction ➡ Body ➡ Conclusionの構造をもつエッセイを書き上げよう。

課題 1　制限時間：なし

> Do you agree or disagree with the following statement?
> "We can learn more from our mistakes than from our successes."
> Give specific reasons and examples to support your opinion.

課題 2　制限時間：60分

> Some people like to travel with a companion. Other people prefer to travel alone. Which do you prefer? Use specific reasons and examples to support your choice.

課題 3　制限時間：30分

> What are the advantages and disadvantages of working for a small company? Give specific reasons and examples to support your opinion.

演習問題

課題 1

Web／4スクエア解答例

```
              improve oneself
find problems                motivate oneself
         We can learn more
         from our mistakes than
         from our successes.
promote teamwork              try new things
```

2. Mistakes show us how to improve ourselves.

3. Mistakes keep us motivated to improve ourselves.

1. We can learn more from our mistakes than from our successes.

4. Successes can deter us from trying new things.

5. Mistakes show us how to improve ourselves and keep us motivated while successes can make us unwilling to be open to new challenges.

Chapter 4

解説 解答例では、「私たちは成功よりも失敗からより多く学ぶことができる」という意見に賛成 (agree) の立場を取っている。ある意見に対する賛否を選ばせる agree/disagree タイプの問題は、ライティングテストでよく出題される。解答時間に限りのあるテストでは、自分のリアルな本音とは別に、**Body を膨らませることができそうな立場を取る**ことも戦略の1つとなる。制限時間を意識せずライティングの練習をする場合は、自分の本音と向き合い、時間をかけてブレーンストーミングするといいだろう。

課題1で「賛成」の立場を取る場合、失敗することで得られる教訓だけでなく、成功することの**マイナス面にも考えが及ぶ**と、説得力が増し、Body に厚みが出る。「反対」の立場を取る、つまり「失敗よりも成功から学ぶことのほうが多い」という立場を取る場合は、自分や知人の成功体験を思い出し、その過程で学んだことを具体的に論述していこう。例えば、①成功が自信をもたらし、次の挑戦に対して前向きにしてくれる、②成功の要因がわかれば、それを次の成功のために応用できる、③失敗は早く忘れ、成功を記憶に残すほうが精神的に良い、といったサポートが考えられるだろう。

> 発想のコツ：Body を膨らませることができそうな立場を取る

エッセイ解答例　DL→06

赤太字は Thesis statement、下線は Summary of Body、**太字**は Topic sentence、赤字は Concluding sentence、□は Transition words となる。

【 Introduction 】

Mistakes are part of our everyday lives. Successes are like a delicious fruit that we are allowed to eat only after sustained effort and patience. **I agree that we can learn more from our mistakes than from our successes.** Mistakes show us what we need to do to achieve success and motivate us to strive for better. Successes, however, can make us satisfied with what we are and reluctant to try new things to improve ourselves.

【 Body 1 】

Mistakes are the portals for improvement and success. We'll never be able to improve ourselves unless we find out what we cannot yet do by making errors. Language learning is one good illustration. Only after I speak English and make tons of errors and mistakes, can I get an idea of how to improve my speaking skills. Making mistakes, correcting them, and avoiding the same mistakes in the future is one of the best ways to learn something. Mistakes always show us how we can strive for our growth.

演習問題

【 Body 2 】

Mistakes keep us motivated to improve ourselves. Making mistakes and admitting them is painful and awkward. At the same time, pain and awkwardness can serve as great motivators. When I played basketball at school, I often had the bitter experience of missing a shot in a game. The more frustrated I felt about my poor shooting skill, the more I was driven to practice. Mistakes can be like a "competent coach" who's always with us in the course of learning.

【 Body 3 】

Successes, on the other hand, **are not so good a coach as mistakes.** Successes may make us feel rewarded, but can deter us from trying new things. Successful companies, such as Apple and Google, keep launching innovative products because they are always open to new challenges and do not try repeating the same thing for a further success. A successful experience is wonderful, but it also has the power to make us too satisfied with what we are now and unwilling to try new things.

【 Conclusion 】

These are the reasons why I agree that we can learn more from our mistakes than from our successes. Mistakes show us how to improve ourselves and keep us motivated while successes can make us unwilling to be open to new challenges. Learning is the process of how people grow. To do so properly, we need to remember the importance of learning from our mistakes. 《395 words》

解説 解答例は400ワード近い語数があるが、初めからこの語数を目標にする必要は必ずしもない。各パラグラフに必要な要素さえ揃っていれば、200ワードでも立派なエッセイが書ける。あくまでも、語法や表現を学ぶ素材ととらえてほしい。

　各パラグラフの冒頭にあるTopic sentenceはMistakesとSuccessesが主語のシンプルな文になっている。Transition wordsは使われていないが、代わりに主語が読み手を誘導する「信号」の役目を果たしている。

　Bodyの各パラグラフには具体例や経験談が盛り込まれている。読み手は英語話者であることを考慮すると、AppleやGoogleといった米国発のグローバル企業の名前を挙げることは、説得力アップに効果的な手法と言える。

使いこなしたいフレーズ集

- sustained effort and patience　不断の努力と忍耐
- strive for better　より良い方向へ奮闘する
- the portals for　～への入り口

Chapter 4

- one good illustration　一つの良い例
- Only after ..., can I　…して初めて〜できる（文頭のOnlyによる倒置）
- tons of errors and mistakes　山ほどの失敗
- serve as　〜の役割を果たす
- the bitter experience of　〜という苦い経験
- open to new challenges　新しい挑戦へ門戸を開いている

訳 　**課題1** 　次の意見に賛成ですか、反対ですか。
「私たちは成功よりも失敗からより多く学ぶことができる」
自分の意見の根拠となる具体的な理由と例を挙げなさい。

解答例 　失敗は私たちの日常生活の一部だ。成功は、不断の努力と忍耐の末に初めて味わうことが許される、美味なる果実のようなものだ。**私は、成功よりも失敗から多くを学べるという意見に賛成する。失敗は、成功に到達するために何をすべきかを示し、より良い方向へ奮闘する意欲を持たせてくれる。ところが成功は、私たちを現状に満足させ、向上のための新しいことに挑戦したがらなくさせる可能性がある。**

　失敗は向上と成功への入り口だ。私たちは、失敗を通じて自分がまだできないことが何なのか確かめなければ、決して向上することはできない。語学学習は一つの良い例だ。英語を話して山ほど失敗して初めて、私は自分の会話力をどうやって上達させればいいのかがわかってくる。失敗し、修正し、その後は同じ失敗をしないようにする、ということは、物事を学ぶ最良の方法の一つだ。失敗は常に、成長への努力をどうすればいいのか示してくれる。

　失敗は、向上への意欲を保たせてくれる。失敗し、それを認めることは、つらく気まずいものだ。と同時に、つらさや気まずさは大きな動機付けともなり得る。私は学生時代にバスケットボールをしていたとき、試合でシュートを外すという苦い経験を何度もした。自分のシュート技術の低さにいら立ちを感じれば感じるほど、私は練習へと駆り立てられた。失敗は、学びの間中ずっとそばにいてくれる「有能なコーチ」のような存在にもなり得るのだ。

　それに対して成功は、失敗ほど優れたコーチではない。成功は、報われた気持ちにさせてくれるかもしれないが、新しいことへの挑戦を阻みかねない。アップルやグーグルのような成功企業が革新的な製品を出し続けるのは、常に新しい挑戦に門戸を開いているからで、さらなる成功のために同じことを繰り返そうとはしないからだ。成功体験は素晴らしいものだが、私たちを現状に満足させ過ぎて、新しいことを試す意欲を失わせる力も持っている。

　以上が、成功よりも失敗から学ぶことができるという意見に私が賛成する理由である。失敗は向上の方法を示して意欲を保たせてくれるが、成功は新しい挑戦に向かう意欲を失わせる可能性がある。学びは人の成長の道のりだ。それを正しく進めるために、私たちは失敗から学ぶ大切さを心しておかねばならない。

※この英文は、**DL→06**で聞くことができます。

演習問題

課題2

Web／4スクエア解答例

- follow one's interests
- make new friends
- flexible schedule
- build self-confidence
- unique travel log

I prefer traveling alone.

---

1. I prefer traveling alone.

2. I can choose what to do by myself.

3. I can make new friends.

4. I can have a sense of achievement.

5. Traveling alone gives me freedom, the chance to meet people, and self-confidence.

解説 課題2も課題1と同様、テーマは2択式（同行者のいる旅がいいか、一人旅がいいか）だ。具体例や経験談が多く思い出せるほうの立場を取ると、書き始めやすいだろう。同行者のいる旅と一人旅を対比するには、それぞれの特徴をリストアップしていくといい。

例えば、同行者のいる旅＝①連れのいる楽しさ・安心感、②常に話し合いが必要、③信頼関係を強化できるかもしれないが、険悪になる可能性もある、一人旅＝①一人の気楽さ、②トラブルも自力で対応、③旅先で知り合いが増える可能性がある、といったポイントからメリット・デメリットを考えていこう。

いずれの立場を取る場合でも、「〇〇が楽しかった」「△△という体験をした」という事実説明に終始するのではなく、「●●という利点があることが、〇〇という経験からわかった」といった論理的な構成を心掛けたい。実体験やエピソードが入るとエッセイにオリジナリティが加わるが、それはあくまで自分の主張を「証明」するための脇役であって、それ自体を主役にしてはいけない。

> **発想のコツ：それぞれの特徴をリストアップして対比する**

エッセイ解答例　　DL▶07

赤太字は **Thesis statement**、下線は Summary of Body、太字は **Topic sentence**、赤字は Concluding sentence、☐は Transition words となる。

【 Introduction 】

Although some people prefer to travel with a companion, I prefer to travel alone. There are three reasons for this: I have full control over what I see and do, I can meet more new people, and I can gain a sense of self-achievement.

【 Body 1 】

First, **traveling alone enables you to choose what to do without being controlled by others.** When you travel with companions, you have to accommodate them and you may not be able to do what you truly want to. For instance, when I went on a trip with my friends, I couldn't fully enjoy the places I wanted to see, such as shrines and temples, because my friends were rushing around to do as many things as possible and didn't let me stay in one place too long. That's the first reason why I prefer traveling alone.

【 Body 2 】

Next, **you can make new friends when traveling on your own.** When with a partner, you often talk to each other and appear less approachable from the

演習問題

outside. However, if you're alone, other travelers or locals are more likely to talk to you. In fact, I made friends with a fellow traveler during a solo trip. The man, who was staying at the same hotel as me, came up and talked to me. He was also a solo traveler, and we spent the next few days together. Traveling alone gives you the possibility of having wonderful experiences such as this.

【 Body 3 】

Lastly, traveling by yourself can give you a sense of self-achievement. Whereas you can depend on your travel companion for some things during your trip, you have to make all the necessary arrangements and deal with unexpected things yourself if you are alone. It always makes me feel very grown-up. Furthermore, you only have yourself to blame if things don't go as expected, which improves your sense of responsibility. Therefore, there's a certain inner development that happens when you prove to yourself that you can do everything by yourself.

【 Conclusion 】

For these reasons, I prefer to travel alone. It is an enriching experience and gives me freedom, the chance to meet people and self-confidence. 《353 words》

解説 語数は約350ワード。各BodyがTransition wordsで始まっており、基本に忠実だが、つなぎ言葉や定型表現を駆使した完成度の高い解答例になっている。各BodyのTopic sentenceの、主語と動詞の選び方に注目してほしい。生物主語 (you)・無生物主語 (traveling) の両方を使い、バラエティを出している。

Introduction はAlthoughで始まっているが、支持しないほうの良さや強みも認識していることを示すと、自説により説得力が出る。続いてBodyの要約をThere are three reasons for this: で始め、3項目を列記している。コロン (:) の使い方に注目してほしい。

Conclusion はThesis statementとBodyをコンパクトに要約している。締めの文は必須というわけではないが、1文足すとしたら、「一人旅は成長の良い機会となると信じている (I believe you can grow as a person by traveling on your own.)」などがあり得るだろう。

使いこなしたいフレーズ集

- have full control over 〜すべてを管理する
- gain a sense of self-achievement 自己達成感を得る
- enable you to do 〜を可能にする
- give you the possibility of 〜をする可能性が得られる
- make all the necessary arrangements すべての必要な手配をする

Chapter 4

- deal with unexpected things　予期せぬ事態に対処する
- if things don't go as expected　物事が期待どおりに進まないとしても
- an enriching experience　実り多い体験

訳 **課題2** 同行者と一緒に旅行するのを好む人がいます。一人旅を好む人もいます。あなたはどちらを好みますか。その選択の根拠となる具体的な理由と例を挙げなさい。

解答例 同行者と一緒に旅行するのを好む人もいる が、私は一人旅が好きだ。 これには理由が3つある。何を見て何をするかすべて自分で決めることができ、より多くの初対面の人に会うことができ、自己達成感が得られるからだ。

まず、一人旅は、ほかの人に制限されずに何をするか自分で選ぶことができる。同行者と一緒に旅をすると、相手に合わせなければいけないので、自分が本当にしたいことができないかもしれない。 例えば、私が友達と一緒に旅行をしたときには、神社や仏閣 といった 自分の見たい場所を十分堪能することができなかった。 というのも、友人たちはできるだけ多くのことをしようと慌しく動き回り、一カ所にあまり長くとどまらせてくれなかったからだ。 これが、私が一人旅を好む 第一の理由だ。

次に、自分一人で旅をしていると新しい友達を作ることができる。連れがいると、自分たち同士で話をすることが多いので、部外者が近寄り難い雰囲気になる。 ところが、一人であれば、ほかの旅行者や地元の人たちが話しかけやすくなる。 実際、私は一人旅の間に旅行者仲間と友達になった。私と同じホテルに泊まっていたその男性は、私に近寄ってきて話し掛けてきた。彼 も 単独旅行者だったので、私たちはその後の何日かを一緒に過ごした。 一人旅では、この ような 素晴らしい体験をする可能性が得られる。

最後に、一人旅からは自己達成感を得ることができる。旅行中、旅の同行者に何か頼ることができるの と違って、一人では必要な手配を自分が全部して、予期せぬ事態にも自分で対処しなければならない。おかげで私はいつも、とても成長した気持ちになる。 さらに、物事が期待どおりに進まないとしても責める相手は自分だけなので、そのことが責任感を養ってくれる。 このように、何でも自力でできることを自分自身に証明したときに起こる、一種の内面的な進歩がある。

以上の理由で、私は一人旅を好む。それは実り多い体験であり、自由と、出会いの機会と、自信をもたらしてくれるのだ。

※この英文は、**DL 07** で聞くことができます。

演習問題

演習問題

課題 3

Web／4スクエア解答例

- ✗ benefits package
- ○ impact on the company
- ○ less hierarchical
- ○ improve one's skill

Advantages and disadvantages of working for a small company

1. What are the advantages and disadvantages of working for a small company?

2. A small company cannot afford attractive employee benefits.

3. A small company presents opportunities to make an impact on the company's operation.

4. A small company enables you to build significant connections and partnerships.

5. The employee benefits at a small company might not be appealing, but you can make a difference to the company and establish significant relationships with your co-workers.

Chapter 4

解説 課題3では、小規模企業で働く利点と欠点を論じる。与えられた意見から1つを選ぶ2択式の問題よりも自由度が高いため、エッセイの課題としては難度が上がると言える。ブレーンストーミングでより多く思いついた側から2つ、反対側から1つ(例:利点2つ、欠点1つ)を、エッセイに組み込んでいこう。

実体験がないと書きづらいテーマかもしれないが、断定を避ける表現やif節(もし~なら…だ)を使い、うまく説得力をもたせてほしい。企業が小規模であるがゆえの利点=従業員1人の存在が相対的に大きくなる、欠点=組織として規模のメリットは期待できない、といった特徴を膨らませていこう。

Bodyを並べる順番に特別な決まりはないが、2つあるほうを連続で並べると(例:利点 → 欠点1 → 欠点2)、読み手を混乱させないだろう。利点から欠点、欠点から利点に切り替わるときには、逆接のTransition wordsを効果的に挿入していこう。

発想のコツ:より多く思いついたものから2つ、もう一方から1つ

エッセイ解答例

赤太字はThesis statement、下線はSummary of Body、太字はTopic sentence、赤字はConcluding sentence、□はTransition wordsとなる。

【 Introduction 】

In small companies, the numbers of employees, sales, assets, and net profits are usually fairly limited. **One disadvantage of working for a small company is that it typically won't provide as extensive a benefits package as a larger corporation.** There are, however, certain advantages, too. **A small company can allow you to make a huge impact on the company and take credit for it, while establishing a strong connection and partnership with people at all levels within the organization.**

【 Body 1 】

Generally speaking, a small company cannot afford very attractive employee benefits. The limited financial resources of a small company will not let it invest in nice facilities such as a cafeteria or a gym, or the good employee benefits that a large company can offer. My mother used to work at a local supermarket, but she quit the job because she found a similar job at a large chain store nearby. What she did on the job didn't change much, but her payroll and employee benefits did. Of course, it's impossible to draw any conclusion from a single example, but generous perks seem something we can expect as an employee at a large company, not a small one.

演習問題

【 Body 2 】

A great advantage of working for a small company rests within the ample opportunities it presents to make a significant impact on the company's operations and earn recognition for your contribution. Unlike large organizations with thousands of employees, there will be far fewer people involved in a small business's projects, and thus any good work you do can be seen by everyone. This makes it easier to distinguish yourself with your unique skills. For those who are starting out in a new career, working for a small company is a great way to develop their abilities and gain a reputation that will support their careers in the future. A small company incubates and fosters the growth of its employees.

【 Body 3 】

Additionally, **a small company enables you to build connections and partnerships with employees at all levels.** Small businesses tend to be less hierarchical and have fewer management layers. This allows you to have access to, for instance, mentoring by your supervisors that might otherwise be out of reach. It's also possible to forge a collaborative partnership with your colleagues through working closely within a small organization. A local clinic that I go to has only five staff members. They seem to understand each other well and always work collaboratively, which I'm truly fond of. The smaller the size of an organization, the more intimacy and partnership can be expected.

【 Conclusion 】

These are the upsides and downsides to employment at a small company. If you're working for a small company, the employee benefits at your company might not be appealing. On the other hand, you're more likely to be able to make a difference to the enterprise and establish good relationships with your co-workers.　　　　　　　　　　　　　　　　　　《478 words》

解説　この解答例は450ワード以上あり、ライティングテストでは満点に近いスコアが期待できるエッセイだ。最後の演習問題なので、解答例は質・量とも最高レベルを目指した。3行にわたる長い文も多い。逆に言うと、ライティング練習が進んだ後、最終的に目指してほしいレベルということになる。

　Introduction がほかの解答例より長めになっていることに気付いてもらえただろうか。テーマが「利点と欠点」なので、両方を要約しようとするとどうしても序論が長くなる。その場合、続く Body もある程度の長さがないとバランスが取れない。校正の段階で、各パラグラフの分量のバランスをチェックする習慣を付けよう。

　「利点と欠点」の言い方はいろいろある。advantages/disadvantage以外に、pros/cons、upsides/downsides、merits/demeritsなど。繰り返し使う言葉なので、なるべく言い換えるよう心掛けよう。

Chapter 4

使いこなしたいフレーズ集

- allow you to do　〜することを許す
- rest within　〜にある
- the ample opportunities to do　〜する豊富な機会
- make a significant impact on　〜に多大な影響をもたらす
- earn recognition for your contribution　自分の貢献を認めてもらう
- be out of reach　手の届かない
- forge a collaborative partnership with　〜と協力的な相互関係を築く
- make a difference to　〜に対して目に見える貢献をする

訳 　**課題3**　小規模企業で働く長所と短所は何ですか。意見の根拠となる具体的な理由と例を挙げなさい。

解答例　小規模企業では、従業員数、売上、資産、純利益が通常、かなり限られる。小規模企業で働く一つの短所は、概して大企業ほど充実した福利厚生が受けられないことだ。しかしながら、幾つか長所もある。小規模企業では、会社に大きな貢献をしてその功績を認めてもらうことができるし、それと同時に、組織内のあらゆるレベルの人々と強い連携や協力関係を築くことができる。

　一般的に言って、小規模企業には、あまり魅力的な福利厚生を用意する余裕がない。小規模企業の限られた資金力では、社員食堂やジムといった便利な施設や、大企業が用意できるような恵まれた従業員手当に投資することはできないだろう。私の母は以前、地元のスーパーで働いていたが、近所の大規模チェーン店で同じような仕事を見つけたために、そこを辞めた。仕事に大きな違いはなかったが、給料と従業員手当は大いに違った。もちろん、単なる一例から結論を引き出すことはできないが、手厚い給付は、小企業ではなく、大企業の従業員であればこそ期待できるものでありそうだ。

　小規模企業で働く大きな利点は、会社の事業に多大な影響をもたらして、自分の貢献を認めてもらう機会に恵まれていることにある。数千人単位の従業員を抱えた大組織と違って、小規模事業のプロジェクトに関わる人数ははるかに少ないだろうから、いい仕事ぶりはどんなものでも皆の目に留まる。このため、独自の能力で頭角を現すことが、より容易だ。新しく仕事を始める人にとって小規模企業で働くことは、能力を磨き、将来のキャリアを裏打ちする評価を得るための、とてもいい道だ。小規模企業は、従業員を育み、その成長を培ってくれる。

　加えて、小規模企業ではあらゆるレベルの従業員と連携・協力を築くことが可能だ。小規模事業はピラミッド型階層構造でなく、管理階層も少ない傾向がある。これにより、例えば、ほかの組織なら雲の上の存在かもしれないような上司から指導を受ける機会が得られる。また、小さな組織内での親密な仕事を通じて、同僚と協力的な相互関係を築くこともできる。私のかかりつけの地元の医院にはスタッフが5人しかいない。彼らは互いをよく理解している様子で、いつも協力して仕事をしており、その点で実に好感が持てる。組織の規模が小さいほど、親密さと協力関係がより期待できる。

演習問題

　以上が、小規模企業での雇用の良い面と悪い面だ。小さな会社で働いていると、会社の福利厚生は魅力的でないかもしれない。その一方で、その会社に目に見える貢献をしたり、同僚と良好な関係を築いたりできる可能性が高い。

※この英文は、 DL⇒08 で聞くことができます。

英文ライティングの基礎知識

このページでは、「英文を書く際に、基礎知識として押さえておきたい項目」をまとめている。エッセイに限らず、メールや通常の文書を作成する際にも必要なことばかりなので、必ず目を通そう。

writing

1 インデント

通常、パラグラフの出だしは1字下げて書く（インデント）。これにより、パラグラフの区切りがはっきりわかるからだ。

しかし最近は、「インデントは時代遅れである」とも言われるようになった。特に、ビジネス文書やメールなどでは字下げをしないことが多い。その場合はパラグラフ間に1行空けて、区切りを示すことになる。本書の解答例も、これにならっている。

2 大文字と小文字の使い分け

文頭と固有名詞（人名、地名、国名、川や海、山などの名前）は大文字で書き始める。それ以外に、以下の語も大文字で書き始めるので注意。

- **言語**：French（フランス語）、Japanese（日本語）など
- **宗教やそれに関する語**：Buddhism（仏教）、Christianity（キリスト教）など。神や聖典など、宗教に関する単語は大文字
  God（神）、Krishna（ヒンズー教のクリシュナ神）、Allah（イスラム教のアラー神）、Jehovah（エホバ：旧約聖書の神の名）、the Koran（コーラン：イスラム教の経典）、the Bible（聖書）など
- **恒星や惑星の名称**：Mars（火星）、Mercury（水星）、Earth（地球）など
- **肩書き、称号**：Dr. Yukawa（湯川先生）、Mayor Bloomberg（ブルームバーグ市長）など
- **曜日、月、祝日**：Monday（月曜）、January（1月）、Thanksgiving Day（感謝祭の日）、Christmas（クリスマス）など
- **固有名詞としての学校、企業名**：Tokyo University（東京大学）、Sony Music（ソニーミュージック社）など

ただし、spring（春）、summer（夏）などの「季節」は小文字だ。

3 パンクチュエーション

「句読法」と訳されるパンクチュエーション(punctuation)は、ピリオドやカンマなどの記号の使い方を指す。

スペース(space)

単語と単語の間に入れる半角スペースを指す。カンマ、ピリオド、コロン、セミコロンなどの後にも半角スペースを1つだけ入れる。

忘れないようにしたいのはカッコ(parentheses)の前後だ。前はもちろん、後ろにも必ず半角スペースを1つ入れる。ただし、カッコのすぐ後にカンマやピリオドがある場合は不要。

例 The International Federation of Journalists (IFJ) will hold its annual convention in Tokyo. (国際ジャーナリスト連盟は、年次総会を東京で開く予定だ)

ピリオド(period)

主語と述部をもつ完了した文の終わりに付く。項目を箇条書きで並べる際や、見出しなどには通常付けない。ピリオドの後にはスペースを1つ入れる。

cm、kgなどの測定単位を除く**略語**にも付ける：vol.（〜巻）、no.（〜番）、etc.（〜等々）など。これらが文末に来る際は、ピリオドは1つでいい。

また、文末に引用符が来る場合は、**引用符の中に打つ**。

例 Answer a question with "yes" or "no." (質問に「はい」か「いいえ」で答えなさい)

カンマ(comma)

文中の区切りに付ける。カンマの後にはスペースを1つ入れる。
AとBの2語を続けるときにはカンマは不要。

例 They repair computers and smartphones.
（彼らはコンピューターとスマートフォンを修理する）

AとBとC…のように、3語以上続けるときには、カンマを使う。

例 They repair computers, MP3 players, and smartphones.
（彼らはコンピューターとMP3プレイヤー、それにスマートフォンを修理する）

引用符の前や、and, also, so, butなどの前にはカンマを入れる。

例 The CEO said, "I decided to resign."
（最高経営責任者は言った、「私は辞任を決めた」と）

挿入する句や節の前後に付ける。

例 ABC Corp., which is known as the industry's leading company, has introduced its system.
（ABC社は、業界のトップ企業として知られているが、そのシステムを導入している）

節の終わりに引用符が来る場合は、引用符の中に打つ。

例 "The budget you presented," he said, "is unrealistic."
（「あなたが提示したその予算は、」彼は言った、「現実的でない」と）

コロン (colon)

コロン（:）は、文中の語彙の**詳細・定義**を説明する際に使う。**such as** や **for example** の代わりを務めるので、これらの語句との併用はしない。

また、**引用**を示す際にも使う。コロンの前にはスペースを入れず、コロンの後にスペースを1つ入れる。

such asで置き換えられるコロン：列記・説明

We specialize in these major types of transportation: automobiles, trains, and airplanes.

We specialize in these major types of transportation, **such as** automobiles, trains, and airplanes.
（われわれはこれらの主要な交通手段を専門としている：自動車や電車、それに飛行機だ）

この場合は、「いくつか具体例を挙げたが、これがすべてではない」というニュアンスを含む。

for exampleで置き換えられるコロン：定義・説明

I need to work on several things tonight: writing journal papers, performing several calculations for my experiment, and filling out my travel expense.

I need to work on several things tonight, **for example**, writing journal papers, performing several calculations for my experiment, and filling out my travel expense.
（今夜はいくつかの仕事に取り組む必要がある：学術論文の執筆、実験に用いる計算、それに出張経費の報告）

引用を示すコロン

引用文の前に、以下が引用であることを示すため置かれるコロン。

Confucius said: "Good medicine tastes bitter. The best advice is the hardest to take."

(孔子は言った：「良薬は口に苦けれども病に利あり。忠言は耳に逆らえども行いに利あり」)

　カンマで代用されることも多いが、引用が1文以上の場合、コロンで区切って明確にする。

；▶ セミコロン (semicolon)

セミコロン(;)は基本的には**2つの等位な文章**をつなぐが、「前の文と少しニュアンスが異なる文が来る」と覚えておくと理解しやすいかもしれない。セミコロンの前にはスペースを入れず、後ろにスペースを1つ入れる。

thereforeの意味で使われるセミコロン：理由

I don't feel good; I can't go to work today.
(気分が悪いので、今日は仕事に行けない)

2文のつながりをよりはっきり示したいときは、

I don't feel good; therefore, I can't go to work today.

と、セミコロンと接続副詞を併用することもできる。as a result, consequently, in consequenceなども同様だ。

howeverの意味で使われるセミコロン：対比

The service of the restaurant was excellent; the food was mediocre.
The service of the restaurant was excellent; however, the food was mediocre.
(そのレストランのサービスは素晴らしかった、ところが食事は、良くも悪くもなかったよ)

nevertheless, on the other hand, in contrastなども同様に使われる。

besidesの意味で使われるセミコロン：追加

The collection of the museum is excellent; their annual exhibition is very attractive.
The collection of the museum is excellent; besides, their annual exhibition is very attractive.
(その美術館の収蔵品は素晴らしい、さらに毎年の展示会はとても魅力的だ)

additionally, moreover, furthermoreなども同様に使われる。

4 エッセイの種類

　本書で扱ったのは主に、**persuasive essay**と呼ばれる「自分の意見で相手を説得する」タイプのエッセイだ。ほかにもエッセイにはいくつかのタイプがあり、それぞれが特徴をもっている。次ページに簡単に紹介しよう。

Narrative essay

通常、自分に起こった出来事を記録するためのエッセイ。
- 一人称で書くことが多い。出来事が起きた順番(chronologically)に、時間の経過を追って書く。
- なぜこのテーマで書くのか、その目的をイントロ(第1パラグラフ)ではっきりと書く。
- 読者を惹きつけるため、書き手が「見た」もの、「聞いた」こと、それに「意見と感情」を具体的に書く(第2~4パラグラフ)。
- 第5パラグラフに結論。

Descriptive essay

構成はnarrative essayと似ているが、narrative essayが「自分に起きた出来事」を主観的に書くことが多いのに対し、descriptive essayは書き手が観察したperson(人)やobject(物)、event(出来事)などを、読み手にわかりやすく客観的に描写する。

narrative essayは「物語」、descriptive essayは「言葉で表現した絵画」と考えればわかりやすいだろう。

Expository essay

新聞、雑誌などの「解説」「説明」文を思い浮かべればいい。事実に基づく情報を並べ、明確かつ具体的な説明を行うタイプのエッセイだ。
- メインアイディアを明確にする。
- メインアイディアを実証するための理由/説明を集める。
- Introduction(第1パラグラフ)の最後の文に、メインアイディアをはっきりと書く。
- Body(第2~4パラグラフ)に理由・説明を書き、それらをTransition wordsでつなぐ。
- Conclusion(第5パラグラフ)で、再度メインアイディアを取り上げる。

Persuasive essay

expository essayが客観的に理論を展開するのに対し、persuasive essayは「相手を説得する」ことを目的としている。自分の立場を最初に明らかにした上で、説得するための論理、事実、例、説明などを述べていく。
- Thesis statement(主題文)として、自分の意見をはっきりさせる。
- Introduction(第1パラグラフ)で、どの立場を取るかを書く。
- Body(第2~4パラグラフ)に自分の主張の背景、理由、説明を書き、Transition wordsでつなぐ。
- Conclusion(第5パラグラフ)で、自分の意見と論拠をまとめる。

著者プロフィール

リーパーすみ子

アメリカ在住。成城大学文芸学部卒業。外資系企業での秘書、コピーライターを経てアメリカ留学。アイオワ州立大学ジャーナリズム学部にて修士号を取得。アメリカの教員免許取得後、公立小学校に20年勤務して、退職。著書に『アメリカの小学校ではこうやって英語を教えている』、『アメリカの小学校では絵本で英語を教えている ガイデッド・リーディング編』(径書房)、『アメリカの小学校に学ぶ英語の書き方』(コスモピア)ほか。

原案・「アメリカの小学生が受けるライティング教育」・「英文ライティングの基礎知識」・コラム執筆

横川綾子(よこがわ あやこ)

東京海洋大学特任准教授。上智大学法学部国際関係法学科卒業後、29歳から英語講師の仕事に就く。2012年にテンプル大学ジャパンキャンパスにて教育学修士号(TESOL・英語教授法)取得。2014年よりETS公認 TOEFL iBT® Propell Facilitatorとして活動。TOEIC® SWテスト 200点/200点、TOEIC® 990点、英検1級、通訳案内士(英語)。著書に『はじめてのTOEIC®テスト スピーキング/ライティング完全攻略(共著者:トニー・クック)』(アルク)ほか。

STEP 1〜9および演習問題執筆

アメリカ人なら小学校で学ぶ
英文ライティング入門

発行日:2014年8月11日(初版)
　　　　2014年11月12日(第2刷)

著者:リーパーすみ子/横川綾子
編集:英語出版編集部

英文校正:Peter Branscombe / Margaret Stalker
編集協力:MKT_English /宮島奏乃/蛯原優香
翻訳:挙市玲子

アートディレクション:伊東岳美
ナレーション:Chris Koprowski
録音・編集:株式会社メディアスタイリスト
DTP:朝日メディアインターナショナル株式会社
印刷・製本:凸版印刷株式会社

発行者:平本照麿
発行所:株式会社アルク
　　　　〒168-8611 東京都杉並区永福2-54-12
　　　　TEL: 03-3327-1101 FAX: 03-3327-1300 E-mail: csss@alc.co.jp
　　　　Website: http://www.alc.co.jp/

●落丁本、乱丁本は弊社にてお取り替えいたしております。アルクお客様センター(電話:03-3327-1101　受付時間:平日9時〜17時)までご相談ください。●本書の全部または一部の無断転載を禁じます。著作権法上で認められた場合を除いて、本書からのコピーを禁じます。●定価はカバーに表示してあります。

©2014 Sumiko Leeper, Ayako Yokogawa / ALC PRESS INC.
Printed in Japan.
PC: 7014058　ISBN: 978-4-7574-2469-2

地球人ネットワークを創る
アルクのシンボル「地球人マーク」です。